微笑曼谷‧雜貨天堂

Bangkok, shopping Heaven of hand-made crafts

林東興 文‧攝影

目次 ｜CONTENTS

微笑曼谷・雜貨天堂

Bangkok, shopping Heaven of hand-made crafts

另類曼谷，真情體驗

　　台灣在1970年代開始經濟起飛，創造了一個人人稱羨的經濟奇蹟，國家富裕，人民有信心，企業家手提一隻007皮箱走天下，到處做生意，一般民眾也蠢蠢欲動，希望走出去看看廣闊的世界，看看人家怎麼過生活，想想自己。於是1979年1月9日，政府開放國人出國觀光。三十多年來，台灣民眾出國人次已不計其數了，走過的地方更遍及世界。這個措施，讓台灣民眾越發有國際觀。

　　晚近由於網路資訊發達，旅遊型態也跟著改變，不再只是跟團旅遊，走馬看花；尤其年輕人，憑藉著收集資訊的方便性、語言能力、經濟力、自信心和勇氣，紛紛獨闖天涯，於是以交換學生、打工度假、背包客、沙發客等各種名目的自主行旅遊型態跟著崛起；許多年輕朋友的世界因此顯得更寬廣，生活經驗更豐富，他們立足台灣，放眼世界的胸懷，已非我們所能及。

　　更難能可貴的是，他們觀看世界的角度也五花八門，異於往常，常以自己的興趣或專業來探索世界，如從美食的、住宿的、交通的角度，或是建築、藝術、宗教、歷史人文等各種角度，多不勝舉，使得世界更為繽紛多彩！而本書《微笑曼谷‧雜貨天堂》的作者更從雜貨市場的角度去看曼谷，觀看的角度之奇，匪夷所思，但卻帶領讀者看到更不一樣的曼谷！

　　曼谷是一個十足國際化的旅遊城市，她的一切早為我們所熟知，但從雜貨的角度來看，卻是史上頭一遭！由於作者是做雜貨批發生意的，他的專業為我們開啟了一扇透看曼谷的視窗，於是我們看到了曼谷雜貨市場的林林總總，如泰國雜貨藝術家的幽默、創意、樂天知命，以及對手工的堅持；堅持在夜市裡擺攤營生，即使慘澹經營，也不改壓模大量生產以改善經濟壓力。這種堅持與營生的方式，讓作者感受到接近「自然」，接近「道」。

　　然而作者的觀察也不僅限於雜貨，還觸及到文化的層面，如曼谷考山路是國際背包客的大本營，他觀察之後，不免一問泰國的背包客在哪裡？接著又問東方人的背包感何以不如西方人，差別在哪裡？最後得出「自在、悠閒」是兩者差異的關鍵所在，那其實就是經濟力的差距啊！於是作者寫道：「此刻，我即使面對經濟勢力比較弱的國家，也能夠不升起傲慢的心，亦沒有過度氾濫的同情。來到曼谷街頭，這番與世界更真實的連結、混亂中的秩序，對我來說，確實是一項很奇妙的體會。」

　　別說作者，就連我們讀者也一樣獲得奇妙的體會。透過作者的專業，我們發現曼谷是一個生意盎然的城市，幽默而友善，具創意而能堅持，處處生機而別具情趣！作者以不一樣的角度，揭開了一個不一樣的城市面貌，他說：「在看似空曠或荒蕪的地域，卻有自成一格的生態，開出在地的花朵。」希望讀者也能透過本書，真情體驗另類曼谷「一沙一世界，一花一天堂」的機鋒與趣味！

　　　　　　　　　　　　　　　　　主編　洪文慶

在泰國人的靈魂中旅行

　　以前，我的旅行總是在貪看愛戀著各地的山水風光、討喜的美食精品，以及偶發的邂逅情趣中度過。回來後，就只剩下採購的戰利品與一堆無主題的照片。至於回憶印象，卻是淡薄到快忘光了。

　　現在，我嚮往的旅行最高境界，卻是希望能夠在當地居遊一、二個月。這是源自於我在巴黎旅居二個月後的體會。交些異國新朋友、過過當地人的生活。雖然也依然有著風光與美食的行程，但是能夠連續七天，在羅浮宮慢遊、走賞藝術，跟當地參觀學生群、幼稚園小朋友、爺爺奶奶團一樣，也拉把小椅子在旁邊畫起素描來，這內外在的旅行體驗就有大大不同！回來後，回憶印象可以如此鮮明，就像是自己生命靈魂中的一部分。當回憶起這段居遊生活時，就好像正呼吸著巴黎的氛圍，那樣的可親可愛。

　　閱讀東興的《微笑曼谷‧雜貨天堂》，就有著居遊曼谷的氛圍。

　　為了幫忙寫這篇文字，再忙，也要先讀過才行。只是沒想到，展讀這本遊記，就像是搭上時光機，一下子恍若置身曼谷，那股趣味悠閒的氛圍，直讓人回不來（像是泰式SPA後的那種身心放鬆，差點忘了我人在辦公室中）！

　　東興有著許多美感生活的工作體驗，又多次出入曼谷，有著當地許多朋友！人，真的會因旅行而累積成不一樣的人哦！我感覺到，他的個人氣質也逐漸透出一種泰式「好整以暇」的輕鬆愉悅味道來（又或者，他骨子裡頭早就是如此吧？所以才會跟泰國的關係如此親暱）。

　　跟著他的「筆跡」，不僅在家就能把曼谷值得觀賞的人事物領略在心，還能從這位「頗有品味、還滿挑剔」的作者筆下，觸發好多面向的收穫。似乎更深入到泰國手創者的生活態度中了，

而不只是觀看或採買了一件物品而已。

感受著曼谷悶熱氣候、午後的涼爽，同步咀嚼「啊，泰國人是這樣生活的呀！」

唔……沒想到泰國人做生意是這樣的想法耶！

嗯，去曼谷一定不能錯過的地方……。

旅行，是一種對話。是自己跟旅行中所有人事物的對話。「閱讀」旅行，更是一種對話，是東興跟曼谷人事物的對話，更是我們讀者、作者、曼谷的多角對話。對應著自己內蘊的生命體會，由著東興引領進入曼谷旅遊，會跳躍出很多新鮮的想法；感受著泰國人生活中的種種氛圍；也跟著在泰國人靈魂中的理性與感性之間起伏頓挫。

以前在報社寫書評時，最後都要來個總結式的呼籲──這本書有著旅遊曼谷的最佳景點資訊，展現出對曼谷理性與感性的深入觀察，帶著你旅行，在泰國人生活美學的靈魂中旅行。

最重要的是，究竟什麼樣的旅行，會使人不由自主地帶著微笑呢？閱讀了這本書，你會有答案的。

天雅國際負責人 蔡金澤

一個樂在「過生活」的人

　　東興的人就如同他的文筆，總是像夏日午後吹來的風——溫暖又清爽，拿到了他給的文稿，透過字字句句的傳達，更讓人感受到他樂於與人分享的那份溫暖，以及他對應忙碌生活的那份從容態度。

　　對我們這種所謂忙碌的現代人，工作似乎已成了壓力的來源，但在東興身上，我看到了面對工作所謂的壓力，是你如何去看待，而東興總有化壓力於無形的魔力，因為他的從容不是去對抗，而是讓自己順應自然。天冷，沒有來客上門，就關上門吧！去泡個湯，好好享受身體放鬆的愉悅；天雨，店裡冷冷清清地，也關上門吧！進市區訪友，彼此分享一下近來生活所感。無論我們眼中多糟的狀況，對他來說，都是另一番風景。這就是東興。

　　東興給我的感覺，如同這本書給讀者的感覺——另類又溫暖。所以，這本書不能歸為專業的旅遊書，對我來說，這是一本教你如何樂在過生活、樂在分享的書。買雜貨、逛市集、看文化……透過東興來看泰國，就像是透過了另一雙眼睛發現，原來無論是泰國的設計品、泰國的庶民生活、泰國的文化，是可以如此有趣與感動。

　　這本書雖然是旅遊書，但我卻看到東興與人分享的「過生活」，每一趟泰國之行對他來說，是工作、是旅行，更是他的生活。你會發現這本書不華麗但很真實，東興想透過文字所傳遞的感動直直地敲進了我的心裡，旅行不需要學習，而是享受；快樂也不需要追求，而是用心投入即可。我想，這本書的出版，是給東興一個與大家分享的機會，也是給我們這些忙碌的現代人另一雙眼睛來看這個世界。

　　親愛的朋友，你將發現跟著東興的另一雙眼睛，當你踏上泰國旅行的日子，泰國是多麼令人
著迷，如同東興所言，眼前沒有比泰國更好的行程可以推薦給你！

財團法人普立爾文教基金會執行長　朱婭青

再細看一次曼谷

　　高中同學東興打電話來，告訴我他要出書了，一本有關泰國旅行和雜貨的小書。乍聽消息，著實為他開心。東興本來就善於觀察和說故事，每回看他部落格講述泰國旅行中的見聞，以及與當地手作工藝家交流的文章，螢幕另一頭的我總跟著文字起伏，不自覺地在腦中勾勒出一幕幕鮮活畫面，彷彿我人就在現場。出版社相中他的細膩文思不讓人意外，倒是我受邀寫序，暗自心虛起來。

　　四年多前，憑著曼谷初體驗的美好感動，我自告奮勇當東興赴泰尋找開店貨源的嚮導，其實帶他去的，不過是每本旅遊書上都會提到的洽圖洽假日市集、帕蓬夜市等曼谷芭樂景點。如今，經過多次隻身往來泰國的工作之旅，東興儼然早已遠遠超越我這位領他進門的師傅，成為一個曼谷通。

　　不過，這本書要告訴你的，不是曼谷哪家飯店最舒適？哪間餐廳最潮流？也不是哪家泰式按摩的師傅技法最了得？這本書說的，是東興在旅行中與泰國人搏感情、平實貼近當地生活的經驗累積。透過他冷靜、寬懷又帶詼諧的記錄，泰國本土藝術家樂天的生意經、夾縫求生的手工創意產業、獨樹一格的夜市生態，甚至競爭激烈的百貨公司經營哲學等，沉澱凝結成一篇篇耐人尋味的文字。

　　書桌前，手捧尚未付梓的文稿，我的心卻已經起飛神遊泰國，我要親手去摸摸每個都是手捏的陶製可樂一家杯、盤、碗，選購幾張Because Dog彷彿會說話的電影美少女獨家明信片，還有窩在Siam Paragon百貨公司裡的免費雜誌區座椅上，瘋狂閱讀台灣每本要價300～400元的外國居家雜誌。

（hans 攝）

　　泰國是一個底蘊深厚的國度，曼谷是一個熱情親切的城市，你造訪這裡的次數，也許比東興還多，但何妨換個角度，透過雜貨商人知性且感性的眼光，再細看一次你所熟悉的天使之城，你會發現它變得更加可愛而豐富了。

虎咪

我沒有更好的行程可以推薦你

　　有一個朋友曾經說我很會享受、很會玩。但,他又補了一句,即使在玩,也不像在休息,也是某種程度的在學習。當時,並不甚留意這樣的形容。

　　最近一年,經營泰國工藝品,讓我已經變成一年前往泰國七、八次,看樣品、逛展、採購。才與人說起我剛回台灣,話都還沒冷,又得去了。雖然停留時間並不長,每次三到十天不等,但看展、工作之外,我也努力的享受泰式按摩、泰式料理。每每提起一些泰式行程的享樂,朋友都是口水直流。「你又要去啊!那麼好。」我不是又要去,是需要去,而且,在感情上我是不偏好泰國的。台北也很好啊!只是工作需要。

　　當初與泰國結緣,還是高中就已熟識的同學虎咪邀我一起旅行──曼谷與清邁,於是我驚豔泰國的設計,讚嘆泰國的美食。虎咪是報紙副刊的美食記者,每年他有許多國外採訪的邀約,佳餚、美酒、享樂是他的工作,泰國卻是他自己旅行的最愛。結果,他帶我去的、那極好的巷弄小館已經常去到彷彿是我家廚房,而他卻是東南西北的國外採訪,數年也不曾再去過他口中的天使之城,享受他自己的、沒有工作的國外旅行。緣分,去泰國只是緣分而已。我並不偏好泰國,真的。只是剛好,就這麼去了那個國家。

　　旅行所能接觸到的就是服務業,泰國的服務業是世界級的。泰國穩定的精神、宗教領域,創作出工藝精良、有質感的商品;純樸又樂觀的天性,激發出有趣的雜貨。要享受、要被服務、要用少少的錢獲得大大的滿足,我能不理性的推薦你這個國家嗎?我能不告訴你曼谷是個適合自由行的城市嗎?

　　在我寫這篇序的時候，我想起了朋友說我很會享受、很會玩的形容。我自己的認知只是剛好在那個地方，享受那個當下。當我認真的時候，朋友就覺得我好像在上課，認真於學習般，因為他所謂的休息、享受是類似看麻痺自己的電視節目。而我的休息，只是轉換，仍是覺知打開，充分感受。而我的休息，就是去五天的曼谷，卻做了六、七次的泰式按摩。痛嗎？——痛——，痛到整個身體都變成新的一樣。

　　所以，我不偏好泰國，我還是得這樣誠實地告訴讀者。但目前來說，若要買創意雜貨，若要享樂美食、按摩舒壓，若要選擇最經濟實惠的異國旅行，眼前，我還沒有比泰國更好行程可以建議你。

曼谷市區全圖

Bangkok

Bangkok
曼谷市區
全圖

Lat Phrao
LAT PHRAO RD.
Ratchadaphisek
hitchai Rd
Sutthisan
Ratchadaphisek Rd
Huai Khwang
Robinson
家樂福
Carrefour
Jusco
Centre
泰國文化中心
Thailand
Culture Center
hra Ram 9
Rama 9 Rd
aburi
Rama 9 Rd
NEW PHETCHABURI RD.
Soi 55, Sukhumvit (Soi Thong Lo)
Soi 63, Sukhumvit (Soi Ekkamai)
Soi 71, Sukhumvit (Phra Khanong-Khong Tan)
Phrom Phong
SUKHUMVIT RD.
erium
Thong Lo
ational
ntre
東部巴士站
(Ekkamai)
家樂福
Carrefour
Ekkamai
Jusco
RAMA 4 RD
Phra Khanong
家樂福
Carrefour
Lotus
On Nut

一般道路

快速道路

河流

公園綠地

BTS，Sukhumvit 線

BTS，Silom 線

MRT

S1   水上巴士站

轉乘站

15

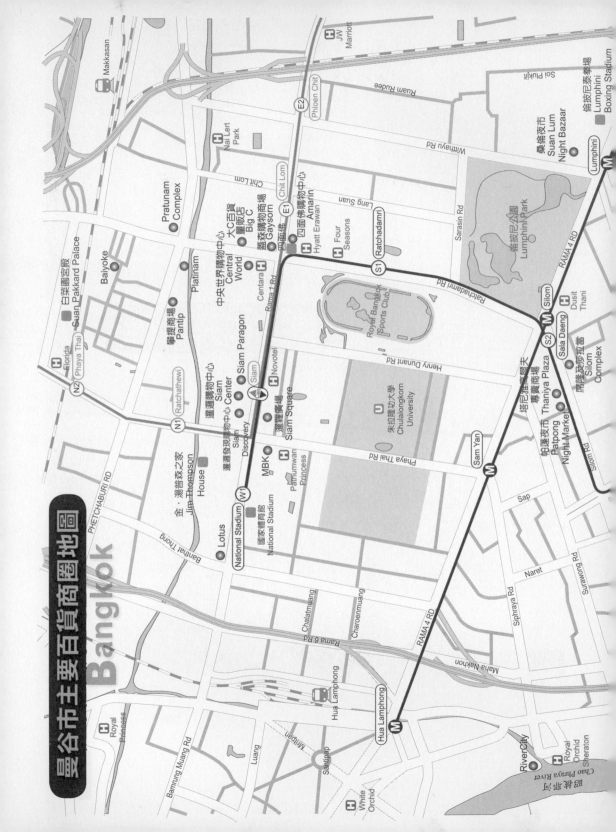

曼谷市主要百貨商圈地圖

Bangkok

Makkasan

JW Marriott

Ruam Rudee

Soi Pluljit

倫披尼泰拳場
Lumphini
Boxing Stadium

Phloen Chit

E2

Nai Lert Park

Witthayu Rd

桑崙夜市
Suan Lum
Night Bazaar

Pratunam Complex

Chit Lom

Sarasin Rd

倫披尼公園
Lumphini Park

Lumphini

Chit Lom

Lang Suan

E1

大C百貨
賣場店
Big C

蓋榮購物商場
Gaysorn

四面佛購物中心
Amarin

四面佛
Hyatt Erawan

RAMA 4 RD

Baiyoke

台樂園宮殿
Suan Pakkard Palace

Platinam

中央世界購物中心
Central World

Centara

Four Seasons

Ratchadamri

S1

Ratchadamri Rd

Dusit Thani

Florida

Phaya Thai

N2

攀提商場
Pantip

Rama 1 Rd

Siam Paragon

Royal Bangkok Sports Club

Silom

Silom

S2

Sala Daeng

席隆莎拉當
Silom
Complex

Ratchathewi

N1

運運購物中心
Siam Center

Siam

Novotel

塔尼亞商場
尊賣商場
Thaniya Plaza

Jim Thompson House

運運發現購物中心
Siam
Discovery

暹羅廣場
暹羅廣場
Siam Square

Henry Dunant Rd

朱拉隆功大學
Chulalongkorn University

帕蓬夜市
Patpong
Night Market

Sam Yan

PHETCHABURI RD

金·湯普森之家
Jim Thompson House

MBK

Patumwan Princess

Phaya Thai Rd

Silom Rd

Lotus

National Stadium

W1

國家體育館
National Stadium

Benhat Thong

Sap

Naret

Surawong Rd

Siphraya Rd

Chalatmuang

Rama 6 Rd

Charoenmuang

RAMA 4 RD

Maha Nakhon

Hua Lamphong

Hua Lamphong

Bamrung Muang Rd

Royal Princess

Luang

Mitipun

Santipap

White Orchid

RiverCity

Royal Orchid Sheraton

昭披耶河
Chao Phraya River

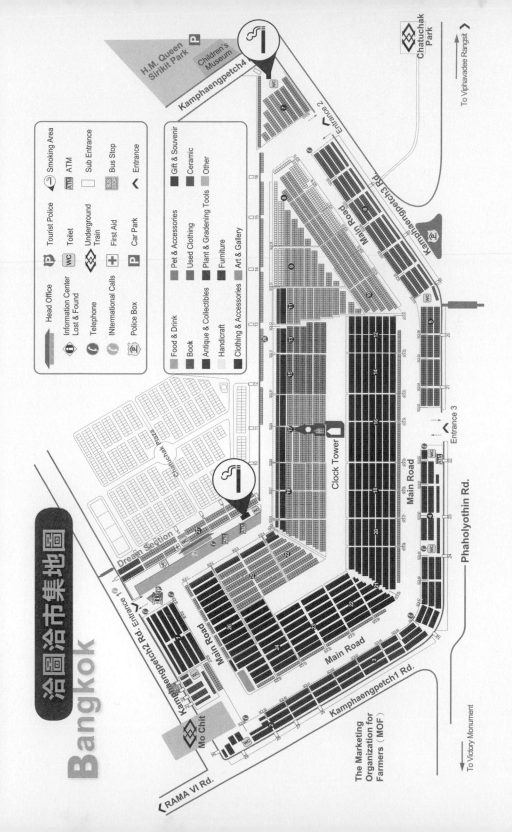

Bangkok
曼谷市主要百
貨商圈＆洽圖
洽市集地圖

Bangkok

空鐵及地鐵路線圖

Wat Kien N28
Wat Tuek N27
Wat Khema N26
Pibul 1 N25
Rama 7 Bridge N24
Wat Soi Thong N23
Bang Po N22
Klak Kai N21
Kheaw Khai Ka N20
Irrigation Department N19
Payap N18
Wat Thepnahree N17
Krung Thon Bridge N16
Thewet N15
Rama 8 Bridge N14
Phra Arthit N13
N12
Thonburi N11
Wang Lang (Siriraj) N10
Tha Chang N9
Tha Tien N8
Rajinee N7
Memorial Bridge N6
Racha-wongse N5
Marine Department N4
Si Phraya N3
Wat Muang Kae N2
Oriental N1

塔宏猶清站 Phahon Yothin
樂拋站 Lat Phrao
札都甲公園站 Chatuchak Park
邦蘇站 Bang Sue
甘帕安碧站 Kam-phaeng Phet
蒙奇站 Mo Chit M N8
山烹卡威站 Saphan Khwai N7
阿黎站 Ari N5
沙那拋站 Sanam Pao N4
勝利紀念碑站 Victory Monument N3
帕亞泰站 Phaya Thai N2
拉差里威站 Ratchathewi N1

拉差當碧沙站 Ratchadaphisek
蘇迪參站 Sutthisan
惠恭王站 Huai Khwang
泰國文化中心站 Thailand Cultural Centre
帕藍9站 Phra Ram 9
碧差汶里站 Phetchaburi
那那站 Nana E3
蘇坤蔚站 Sukhumvit M E4
澎蓬站 Phrom Phong E5
東羅站 Thong Lo E6
伊卡邁站 Ekkamai E7
帕卡儂站 Phra Khanong E8
安奴站 On Nut E9

國立體育館站 National Stadium W1
暹邏站 Siam Cen
奇隆站 Chit Lom E1
菲隆奇站 Phloen Chit E2
拉差當梅站 Ratchadamri S1
華藍蓮火車站 Hua Lamphong
莎拉當站 Sala Daeng S2
阿索克站 Asok E4
山燕站 Sam Yan
席隆站 Silom M
鐘那席站 Chong Nonsi S3
倫披尼站 Lumphini
克隆托伊站 Khlong Toei
詩麗吉皇后國際會議中心站 Queen Sirikit National Convention Centre

蘇叻莎沙克站 Surasak S6
蘇叻莎沙克 S8 S7 S6
王威安亞火車站 Wongwian Yai
恭春汶里站 Krung Thon Buri
沙潘塔克辛站 Saphan Taksin
Wat Sawetachat S1
Wat Worachanyawas S2
Ratburana (Big C) S4
Wat Rajsingkorn S3

空鐵蘇坤蔚路線 BTS，Sukhumvit
空鐵席隆路線 BTS，Silom
地鐵路線 MRT
Cen BTS 轉乘站
M BTS / MRT 轉乘站
N5 水上巴士站

Bangkok
空鐵及地鐵路線圖

買
雜
貨

Bangkok, shopping Heaven of hand-made crafts

Loyfar

*Loyfar*黃金單身漢

　　說我這個人會開店，當起老闆，朋友們實在難以置信。在公司上班，老闆要升我當主管，我說不必了，要丟案子給我執行，要帶新人都可以，但我習慣當部屬，那些有的沒的頭銜實在不必了，這樣坦白其結果就是被貼上不識抬舉的標籤。有些朋友自豪自已頗能交際，而我一向怕打官腔，有什麼是什麼，非常不適合辦公室政治文化。一直以為可以這樣做小伏低一輩子，當個小職員。可是天不從人願，陰錯陽差開起店來。

　　開店進貨，我也不喜歡找主管或老闆談事。很多階級上層的人喜歡打官腔，口不對心的問候，兩手策略的價格談判，還要慎重其事與你握手。反正，我的店小，進不了什麼大量的貨，願意出貨給我的，固定批價就可以了，不需要麻煩地社交，不需要來來回回地議價。小職員很簡單，不會跟你攀親搭故，有什麼是什麼。所以，雖然很喜歡Loyfar的商品，進貨很多

23

年，每年在展場遇見穿白西裝，像是國外經銷部主管的傢伙，我都躲到旁邊找小員工下訂單。那個看起來就是公司重要人物的人，向來不是我這一卦。

　　這次為了需要多了解設計商品的內涵，我請小職員Paula介紹公司設計師給我認識，結果才從電視台受訪回來的Loyfar先生聽到我的請求，就站到我面前說：「我記得你啊！」嚇了我一跳，

原來就是那位白西裝先生。我心想,當然記得啊!每次展覽都到他們家的商展攤位細細觀察商品,誰也沒我這麼勤勞。幸好,我是去下訂單,不然,肩上背包,手上相機,T恤、牛仔褲,大學生的樣子常常都被認為是他牌的設計師,一定是來盜取商業機密。

買雜貨
Loyfar
黃金單身漢

貴族質感,平民價位

　　當我拿到Loyfar先生的名片,我才知道這個品牌名稱就是Loyfar先生的姓氏,而字根的意義為高貴、尊貴之意。我疑惑,這家族難道與皇室有關?Loyfar先生為我解答,原來這名字是泰皇拉瑪五世所賜,為了表揚Loyfar先生的曾曾祖父在藝術上的成就,那時他的曾曾祖父是法國知名的演員。

　　與Loyfar先生聊天時,他剛從電視台回來,春風滿面的樣子,原來剛被封為當年度最受歡迎設計師,難怪談笑風生、喜孜孜的,我得趕緊按下快門,拍張照片留檔。但我想這也難怪,Loyfar近年的設計,除了原有的高質感之外,設計也越來越貼近民眾。我參觀禮品展這麼多年,以設計見長的公司原地踏步、退步的多,能夠一直向前走的公司少之又少。況且,近年的政治與全球金融問題,泰國受衝擊頗大,但Loyfar從八人的迷你公司,走到今天八十人的小企業,可見競爭力超強。

　　當然,在泰國平常要買Loyfar的商品,百貨公司一定找得到。像我最喜歡的Siam Paragon,地下一樓的賣場,親切的櫃位,Loyfar的錫製訂書機、鑰匙圈都有。五樓泰國精選商品的樓層也都找得到。Loyfar設計了樹狀的錫器展示架,可以把商品掛上,就像銀樹上結的果子。每個小東

西，結合了自然的元素，趣味的線條，部分商品會拷上景泰藍。傢飾部門則另外賣Loyfar的燭台、水果籃、花器等。SPA業者也非常喜歡購買他們紅花緬枝、白花緬枝（雞蛋花）系列的燭台，典雅又充滿東南亞的閒情逸致。

享受手創的樂趣

在台灣有人會買Loyfar的鑰匙圈，把它們改成耳環、項鍊，錫的金屬質感，搭配上色彩層次豐富的琺瑯，真的很有特色。我告訴Loyfar先生，許多人找到他的作品的新生命。結果，Loyfar先生說，他原是擔任法國高級珠寶公司的珠寶設計師來的。珠寶用銀、白金，鑲上這些色彩的景泰藍、琺瑯、有色珠寶、半寶石，數萬、數十、數百萬元在賣。但Loyfar先生想讓自己設計的東西更親近大眾，用錫銀合金為底，製作成鑰匙圈、手機吊飾等商品，零售200～500泰銖，這是大眾都可以接受的價格，因為這樣的想法而成立了這家公司。

實在是太聰明了，把精美鑰匙圈的主體，配上自己的皮鍊子、銀鍊子，讓Loyfar的商品靈魂又回到原來的身體，大大地省了一筆銀子，並且加上自己手創的樂趣。

一個品牌的設計會受到消費者的青睞，除了天生的美感、原本紮實的設計底子之外，還需要有謙卑的心。可想像一個法國名品珠寶設計師，為自己的公司設計的第一件作品是什麼嗎？「辣椒餐巾環！」那是錫銀合金的辣椒餐巾環，拷上紅色景泰藍。Loyfar先生說，因為辣椒對泰國人的飲食很重要，看到辣椒就高興，心情也愉快地飛揚了起來。這樣的設計是從本身的文化習性出發，一點都不矯情、夢幻。後來，近幾年的嘟嘟車、大象鑰匙圈，都從自己的生活元素出發，並且聆聽客戶的建議、消費者的需求，這絕對要具備一顆謙卑的心。

要找類似Loyfar這樣具有高品質的外銷商品，當然要前往百貨商圈，曼谷的百貨商圈是全世界知名好逛，各家百貨集中、規模大、舒適度相當高。

空鐵（BTS）Siam站，這裡是全曼谷知名的百貨公司群，Siam Paragon與正在重新改建的中央世界購物中心（Central World）都在此。除了百貨群可以一路逛之外，也可走到四面佛參拜。如果志在血拼，建議可以稍微想一下，鎖定自己想逛的百貨公司、商品樓層。選擇太多，也會是一種困擾喔！

空鐵Phrom Phong站的Emporium內還有泰國政府設立的TCDC（泰國創意中心），都是相當值得遊逛的所在。Emporiumx內幾乎國際名品都有。雖然不若Siam站的百貨群任一家規模大，但要購物是非常理想的所在，品牌與商品都是精選中的精選。餐飲與超市皆在樓上，可俯視一旁的公園視野，光那個景觀就物超所值。

│交通│ Siam與Phrom Phong兩處空鐵站都有空橋直達百貨公司，颱風下雨也不用擔心。

兼任超級業務員

買雜貨
Loyfar
黃金單身漢

　　Loyfar先生說，他其實也開始擔心公司的接班問題，因為他還沒結婚，每天從早上八點工作到晚上十一點，到現在還沒有對象。我想，他應該把一些工作丟出去，例如審閱其他設計師的設計稿就好，也不需要每個展覽都自己來當業務啊！我每年看展覽都遇見他，一直以為他是國外部的主管。Loyfar先生說，沒有啊！哪有其他設計師，公司設計師只有一個，就是他。而且，以外語能力來說，別人也都差他太多了，法文、英文他都精通，而設計師自己對自己設計的表達當然更容易打動人，所以他也是個超級業務員，展覽會場都看到他在穿梭。能者多勞，不過，他的工作量不會太大嗎？

　　我看了一下Loyfar的攤位，那些顧攤位的人員都是姐姐妹妹們，結果Loyfar先生竟還是孤身一人，看看，這麼辛苦，高處不勝寒啊！我這做小伏低慣了的人，又在給自己安慰了。「哈哈！像我這樣的小市民就不會有這樣的煩惱。」趁這篇文印出來，也順便幫Loyfar先生徵個友吧！請讀者參考我拍的Loyfar先生照片。唉呦！忘了問他的徵友條件了……不過，感情是將生活中無意義的消耗變成樂趣，然而忙碌的他有時間來無意義的消耗嗎？

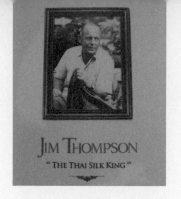

JIM THOMPSON
"THE THAI SILK KING"

消失在叢林的情報員

　　Chit Lom站、Siam站與Nation Stadium站是曼谷空鐵最繁華的區域，百貨公司、購物中心林立，如果沒有一直推陳出新，專櫃品牌不夠吸引人，在這一區恐怕難以生存。這寸土寸金的曼谷市中心，竟然藏著一個典雅林園，紮紮實實的土地種著熱帶植物，面積不小的水塘區域有數棟木造建築串連。當然，如果需要現代設備、極舒適的餐廳與購物空間，也是有的。是的，這是Jim Thompson House。

　　我的朋友打趣說：「一個有錢的外國人消失在異國叢林，這麼多的私人資產歸公，這根本就是謀○害○⋯⋯」趕緊堵住他的嘴，在報社工作久了，百無禁忌慣了，我很怕他講出「謀財害命」這幾個字，即使朋友說的是中文，旁邊的人聽不懂。泰國皇室與泰絲之父Jim Thompson在泰國都有著極高的地位，逛Jim Thompson House的小莊園、水榭樓台，踩著的是陳舊的黑白大理石地磚、木地板，大家靜靜聽著導遊介紹，朋友口無遮攔，由我來負責消音。

泰絲之父Jim Thompson

　　說起泰絲的品牌，稍有程度的導遊會告訴你，Jim Thompson這位美國人可是泰絲之父，在泰國的手工藝界有很高的地位，卻不會帶你去那裡購物，因為Jim Thompson House屬於公家單位，採購旅行團不會有任何銀兩可以回饋。Jim Thompson是泰絲第一品牌，但價格也是名列前茅——貴。店員英文程度佳，令人驚訝的是，日文程度竟然也非常流利。到專賣店被誤認為日本人，泰國服務員除了用日語向我問候之外，竟然還對我用流利日語介紹商品，真是驚訝！

　　Jim Thompson出生在美國的富貴家庭，接受到完整良好的貴族教育，尤其在美學、藝術上的興趣，讓他成為一名建築師。二次大戰期間，投身美國中情局成為情報員，二次大戰後，他難以釋懷東方藝術，遂留在泰國發展他的泰絲生意。西方富豪之家的背景身分，血液裡流著對藝術的鑒賞因子，集結財力、鑒賞力、經營能力，使他一舉將泰絲變成世界知名工藝品。

　　現今的Jim Thompson House並不是後來為了紀念他所蓋。當時，在泰絲生意成功之後，身為建築師的Jim Thompson要在曼谷建造屬於他的家，遂從泰國各地搜尋到六間超過兩百年歷史的古宅，把木料、磚瓦仔細的拆卸，運至曼谷，依原樣重新建造屬於自己的小型莊園。從林園到建築，裡頭收藏著各國文物古董，這些處處呈現著Jim Thompson的生活美學。

湯普森先生的家

　　Jim Thompson House很多書都翻譯成吉姆湯普森博物館。博物館三個字似乎有點嚴肅，若要我來翻譯，大概會直接譯成兒童版——「湯普森先生的家」，因為那是實實在在要讓人生活在裡面的House。例如，黑白大理石交錯的地板，是要讓人冬天可以踩容易保溫的黑色大理石，夏天則可以腳踏散熱快的

白色石面，棋盤式幾何美學藏著生活智慧。還有窗戶的開向，皆搭配庭園的景致，源引窗景入室內。挑高的樓地板，是考量到雨季常有的水患。湯普森先生的家，是一個可以讓人舒適生活的建築，建築之中處處都是人的生活智慧。

Jim Thompson在馬來西亞旅行的時候，消失在雨林，隔年他的姐姐也被暗殺，許多傳聞都認為這些與他曾經擔任美國中情局的工作有關。然而，這些已經都不可考。為使Jim Thompson的文化資產能完整保留下來，泰國政府接管了他的產業，畢竟泰絲已經成為泰國工藝的代言，而Jim Thompson又是其中龍頭。分布在各大百貨賣場，與其他世界名牌Gucci、LV、Hermes為鄰的Jim Thompson專賣店，仍繼續為泰國工藝發聲。

買雜貨
消失在叢林
的情報員

2009年秋冬，在曼谷禮品展驚訝發現Jim Thompson參展，用鮮豔活潑的色調設計一系列供外銷的商品。頭一次見到Jim Thompson泰絲公司放下身段投入外銷貿易，活潑鮮豔的設計與往昔典雅風格相去甚遠，也是令人驚訝。是不是高層有異動呢？不過，傳統典雅設計的商品都還是專賣店的主流商品，並且仍舊不提供外銷出口，若想購買收藏，得前往專賣店才買得到，這一點高姿態倒是沒有改變。

處處充滿家的感覺

我跟朋友都喜歡Jim Thompson House，因為我們兩個都是懶人，懶人喜歡窩在舒服的地方，而Jim Thompson House，包括餐廳、商店，都非常舒適。餐廳寬敞的座位，超大三角形的靠墊用泰絲

Jim Thompson近年積極拓展業務，幾乎知名百貨公司都已經可以看到Jim Thompson的專賣店。Jim Thompson的總店在Jim Thompson House內。館內有非常舒適的泰式餐廳，餐點美味，當然所使用的餐巾都是Jim Thompson泰絲製品。參觀博物館時，可以選擇在館內用餐，並在總店內購物。

|交通| 從空鐵站National Stadium或Ratchathewi，就可以步行到Jim Thompson House。
|網址| www.jimthompsonhouse.com
|地址| 6 Soi Kasemsan 2, Rama1 Road, Bangkok
|開放時間| 9:00am.～5:00pm.每日開放

包裹著，觸感極其柔順，挑高敞亮的空間舒適度高。半戶外區，臨著水塘，坐在藤椅上，都讓人的身體與環境自在交流著。光線、空氣、溫溼度、綠意景觀、水意景觀，服務人員用眼角的餘光觀察你的需要，適時服務你卻不給你壓力，Jim Thompson House的高格調與高質感又處處充滿家的感覺，真是令人打從心底喜歡上的地方。

　　走出Jim Thompson的木造建築，在碎石子地板的亭子小歇，身為解說員的泰國姑娘為一個金髮小男孩摺了一隻紙鶴，見到我拿起相機拍照，也摺了一隻送給我。沒有太多的對話，沒有一個人的國籍相同，下午的風和徐地吹著，靜靜地越過水塘、和諧地穿過芭蕉樹、舒服地從一百年前的時間吹過來，眼皮有點重，我揉了揉自己的肩頸，打了個哈欠，嗯……那完美又平價的餐點，吃完還真的有些睡意呢！

買雜貨
消失在叢林
的情報員

Nice Little Clay

可樂一家，泰式快樂力

想到什麼會讓你微笑？炎夏來一杯冬瓜茶，還是哈根達斯冰淇淋？冬天的火鍋，還是蠶絲的被窩？嗅到可樂的焦糖香，可樂貓的精神都來了，而我們看到可樂一家的系列創作，也讓人忍不住微笑起來。

每周末搭十小時夜車

好幾年前就已經透過貿易商誼丞採購了可樂一家的商品，他們家的東西實在是讓人開心。純手工創作的樸實拙趣，捏出不規則狀的陶杯，搭配獨一無二的插畫彩繪，當然都是可樂一家的成員──小媽、小爹與朋友們，還有丫呆狗與可樂貓。每個角色都顯得童心未泯，也許繫上頭巾，扮演起海盜，不然就穿上潛水裝，站在潛水艇前面拿水槍耍酷，這是潑水節必備的裝扮。

39

　　一心多用的我，在與可樂爹聊天的時候，注意到可樂一家的攤位有好些個空塑膠箱，原以為是放庫存，塑膠箱子還沒收進倉庫裡。可樂爹說，那原是裝載層架上的商品，他與可樂媽星期五晚上從普南小鎮（在泰國北部），坐夜車扛著這些塑膠箱來曼谷。他說，搭十小時的火車就到囉！我的下巴簡直就要因為驚訝而掉下來。不會吧！我悶在飛機上三小時就覺得應該要按摩舒壓，他們的工作室在普南小鎮，竟然每周末為了來洽圖洽做兩天的生意，扛著這些陶杯、陶盤搭十小時夜車來曼谷，星期天晚上又扛回去，他講得一派輕鬆，實際上這些是非常重的。

　　我疑惑：「為什麼不把東西擺在店裡，每星期補一些貨就可以了啊！」我的意思是用貨運寄應該補充的商品，沒有必要自己這樣扛來扛去。可樂爹說，因為其他時間，周一至五，房東是把店租給其他人的。我的下巴快要因為驚訝而脫臼，可樂爹一個月花25,000泰銖租這個小攤位，卻只租六、日兩天。星期六早上開始使用這個空間，星期天晚上清空。媽媽咪呀！我的老天。

捏不出一樣的杯子

　　洽圖洽的觀光人潮是可以想見的，除了零售之外，可樂爹在此處接到不少國際訂單，我猜這也是可樂爹每個星期不辭辛苦來曼谷開店的原因吧！而可樂爹對於大家說洽圖洽人潮變少、金融風暴等問題也有不一樣的見解。他說，洽圖洽人潮變少，經濟一年不如一年，大家每年都說一樣的話，不如把自己的事做好，精神放在創作上囉！也是，可樂爹與姜婷一樣，訂單都做不完了，哪有時間想這些！而那種樂天的態度，硬是跟其他人不一樣。

　　像可樂爹這樣訂單趕不出來的人，也許會擴充產能，或是用轉

在洽圖洽周末市集買「可樂一家」（Nice Little Clay）的商品，是全世界最便宜的地方。2010年10月，我與可樂爹（Peeranan）碰面時得知，他已經結束之前給別人的亞洲代理，現在他都自己賣杯子。隔幾天，竟然在Discovery Center的居家樓層與Loft中看到展示。8月與他碰面時，這些都還沒發生，10月時已經積極拓展業務（他說是曼谷的朋友把貨鋪出去的）。零售價格比他自己在洽圖洽周末的小店貴三成，但基本上也都算是非常便宜。當然，要買他的東西，還想看到本尊（可樂爹或可樂媽），請前往本店是也。

|交通| 地鐵（MRT）Chatuchak Park站，或是空鐵Mo Chit站都可抵達。

印翻製，但可樂爹與可樂媽就是喜歡自己畫圖案、自己燒杯子，雖然有工作夥伴幫忙，但也不想把生意做太大。有人想下訂單，讓他畫一樣的圖，把每個杯子標準化，可是可樂家的杯盤是手捏的，要像日本工藝師那樣拉胚，結果會一個都過不了關。如果要畫一樣的圖案，可樂爹表示，那實在是好無聊。可樂爹喜歡畫，想到就多畫個鏟子給畫中的人物，不然就多一把水槍。如果都要一樣，那就用轉印貼紙複製就好了。我心裡偷笑，叫他捏一樣的杯子捏不出來，畫一樣的圖也畫不出來，結果卻成為可樂一家最大的特色。很多人想要可樂爹把畫翻印成各種商品，也都被拒絕了！

另類的小有成就

可樂爹在普南小鎮買了小貨車，因為每星期得住曼谷，也在曼谷買了小套房。雖然他不想把生意做大，卻得意的對我說：「嘿！嘿！這樣也小有成就吧！」成就？我問可樂爹，如果這就是他當初做這個小工作室的夢想——買車、買房，而現在他的夢想成真了，那麼下一步的夢想又是什麼呢？可樂爹抓了抓頭髮：「夢想？以前念書的時候，只想到以後不要坐在辦公室裡工作，因為感覺冷氣好冷，被關在大樓裡好恐怖。為了避免這樣的命運，所以跟女朋友一起燒陶杯來賣。現在的夢想也是一樣啊！就是盡量不要去上班。」

腳踩著大地，手捏著泥土，可樂一家的邏輯與理由都好簡單。那你最喜歡的是什麼？可樂爹說：「Party！」就像畫中的人物一樣，跟朋友一起開Party，喝啤酒、聊天。我問，你不是每天都喝點啤酒，畫畫、工作的時候都在聊天嗎？可樂爹說：「對啊！每天都是Party。」每天都是Party！真讓人妒嫉得想將他掐死。開心的人畫開心的杯子，那不規則的杯型，藏著對生活的知足、開心，念在我還得買他的杯子，就饒了他，留他一條命繼續畫杯子吧！

買雜貨
可樂一家
泰式快樂力

理想與真實

愛　就像水一樣，你不能沒有它。
愛　就像柳橙汁，讓你清新有活力。

談著「愛」的杯墊，在每次使用時，
那些像廣告一樣的清新文字就會滑過我們的心頭，往往也能心頭一振。

曼谷國際禮品展

在國際禮品展的會場，各個商家為了國內與國外商家採購專員到來，莫不精銳盡出，或是老闆親自到現場壓陣。四面八方的公司、工作室、小工廠，近則曼谷郊區，遠則北方的清邁、清萊、普南、曼谷，泰國各地皆有商家來到，最近我還發現，台灣有些業者竟然去參加泰國的展覽。台灣廠商參加香港禮品展或廣州的廣交會（大型禮品展覽）是很平常，但遠赴曼谷參展

我還真的第一次看到，泰國禮品展的規模比不上香港禮品展，小而巧
卻也很精采。另外一個吸引台灣手工業參加的原因，可能是基於屬
性上的考量。香港展覽的商品，大多以工業、標準化製作，而曼谷
展覽的許多商品仍是傳統手工製作，對於台灣前往參展的廠商，也
許想要聚焦在手工藝方面的買家。

　　每年4月與10月，如果沒有什麼特別的事，我盡量把假期安排在
禮品展期間，也許去清邁度個假，路經曼谷晃一晃。有些品質不錯的工作室每次展覽都不放過，
但有些也是曇花一現，待我準備訂貨，已經E-mail與電話都找不到業務員與公司。最令我高興的
是，在會場認識到一些令我歡喜的朋友，爾後造訪曼谷，發現他們的事業越來越好。也許工作室
仍是不大，但商品已經有穩定的國內、外訂單。我常經由曼谷的大型雜貨通路來判斷，如曼谷的
Loft開始引進，那麼日本的Loft大概就會開始賣了。這樣穩定的訂單對於剛起步的小公司來說，非
常有幫助。

　　其中一個，就是Be-real與Idealist。

阿克與小妮

　　阿克與小妮兩人，給人的感覺非常純樸、憨直、善良。這些特質剛好都與我恰恰相反，我是
邪惡的，過分聰明機巧，能省則省，貪小便宜。這兩塊俎上肉，在我說想要報導、介紹一些泰國
的設計風格時，對我什麼都不了解（而且我只穿個休閒短褲與涼鞋而已，沒有任何記者工作或商
品採購者的樣子），竟然要奉送我一些商品，這──實──在──是──太──棒──了！

　　第一眼在展覽會場看到他們，我便知道這兩個人就是品牌的設計師。以店員或外銷業務的特
質來說，他們倆實在過於靦腆，咖啡色與灰色的低調衣著，但真誠的笑容，標準的外冷內熱型，
因為表達在某種程度上的阻礙，所以內心的狂熱就變成了商品的天馬行空。這樣形容他們夫妻倆
應該是沒有關係的，面對我這樣口齒厲害的人，靦腆根本只能任我宰割。

　　不過，兩人即使默契好，看來卻都木訥，但創造的兩個品牌線其實剛好反映他們更細膩屬性
上的差異。這兩個品牌線分別是阿克的「Be-real」（坦白說）與小妮的「Idealist」（理想主義）。

天使與惡魔的拉鋸戰

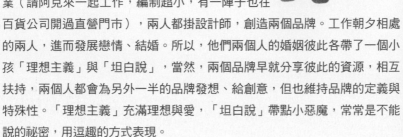

　　阿克與小妮原來只是在外面公司上班的工
作夥伴，小妮手創一些娃娃送人，獲得好評，
進一步利用下班時間設計創作，結果不只送人
受歡迎，拿來銷售也嚇嚇叫，於是找阿克一起創
業（請阿克來一起工作，編制超小，有一陣子也在
百貨公司開過直營門市），兩人都掛設計師，創造兩個品牌。工作朝夕相處
的兩人，進而發展戀情、結婚。所以，他們兩個人的婚姻彼此各帶了一個小
孩「理想主義」與「坦白說」，當然，兩個品牌早就分享彼此的資源，相互
扶持，兩個人都會為另外一半的品牌發想、給創意，但也維持品牌的定義與
特殊性。「理想主義」充滿理想與愛，「坦白說」帶點小惡魔，常常是不能
說的祕密，用逗趣的方式表現。

　　「Idealist」的杯墊或玻璃杯上面會有這樣的文字：

愛　就像水一樣，你不能沒有它。
愛　就像柳橙汁，讓你清新有活力。

　　像這樣充滿陽光，朝氣蓬勃的句子杯墊，玻璃杯等雜貨用品，讓人心情
喜悅。但「Be-real」就會有像奈良美智的邪惡小女孩圖樣，不壓抑地透露出真
實的小邪惡，也會有受傷綁著繃帶這樣療傷止痛的布娃娃、奇怪異想世界的
長頸鹿。

　　於是，我想到一對情人的情況。男女雙方都是有錢人的第二代，女方期
待男方像王子，男方也期待女方像公主。大學畢業後馬上結婚，男生最初的
熱情很明顯地消減，女生也極度沒有安全感。兩個人都是愛情理想主義，卻
沒有真實的溝通，不肯坦白說出自己心底真正的話，男方發現自己沒有那麼
愛女生，女方也一直懷疑男生在外面偷吃。但愛情本來就沒有辦法精準地度
量，有時充其量只能知道那是一條在一起或分手的路。愛情除了剛開始的熱

空鐵Siam站進入到百貨商圈,是我每次泰國行程的循環,即使不特別想買什麼,去Siam站就對了!
在Siam Paragon的Loft就可以買到「Be-real」與「Idealist」,Loft是日系的連鎖雜貨通路,當然可以買到日本的精美雜貨,經過Loft篩選過的泰國雜貨,都具相當的水準。而那些雜貨可不只是從日本與泰國精選出來的,Loft採購團隊是從全世界的雜貨中篩選,所以入寶山可不要空手而回。

買雜貨
理想與真實

烈激情之外,後來生活中如同親人的感情卻是相處培養出來的結果。如果不肯承認生活中的真實,只願擁抱虛構的城堡,那麼當激情退去,愛情也就無以為繼。

既是玫瑰,亦是仙人掌

理想主義非常美好,但問題是要怎麼保持陽光般的熱愛與感情,裡頭如果沒有真實與坦白,那麼熱情就沒有柴薪可燃燒,火力與活力都會枯竭。我發現,「Be-real」的小玩偶比起「Idealist」更吸引現在的年輕人,是不是那樣的黑色幽默,不過分掩飾自己的情感與想法,在相處上即使有爭吵,卻也比那些純粹的理想主義,幻想著開保時捷的王子來到,或是不食人間煙火的童話公主,更容易得到幸福。畢竟,每個人的真實都不相同,太多人總是混淆了別人的真實,不是西施無以捧心,沒有玫瑰的嬌豔,卻長一堆自以為是的刺,就只能待在沙漠裡當孤寂的仙人掌。

「Be-real」的填充小玩偶回台灣後,都當公關品送人了。看著「Be-real」填充小玩偶的照片,我又想起這對有趣、和善、樸實的夫妻。並懊悔著,分開話別時,說都要送給我商品,我卻硬是把大鈔塞給他們。平常我可沒那麼好心眼,怎知我是遇強則強、遇弱則弱,這時候也占不得別人的便宜,我內心善良的「Idealist」打敗了「Be-real」誠實的小惡魔。

 # *Because Dog*的祕密

我有一些朋友從事文化創意的手工業,不是行銷人員、不是開店面做生意,我是說他們真的用自己的雙手創作,過著像學生一樣的青春生活——在物質面。當然,不僅過著簡單的生活,也非常有學生的純真心理,這完全是一種生活方式的選擇。但在其他人眼中,也許會落得不務正業,對於社會責任沒有承擔的批評,這些評語從何而來?但,誰知道這些?不過只是錢沒賺得比竹科工程師多而已,竟然就會被主流價值觀給唾棄。

夾縫中求生存的創意產業

優質的創作,在台灣仍有一些免費的曝光、銷售機會,例如出版社願意幫他們發行刊物增加知名度,或是一些創意市集活動。但要真的論起在台灣的文化創意產業,當一般消費者可以輕易在誠品或強勢通路看見商品時,相信這家公司已經通過層層篩選,編制略有規模,商品的售價也有一定水準。

THANK YOU
for
EVErything

在曼谷，這些小小的文創工作者，相對有更多的曝光管道，甚至營利生存空間。這樣小型工作室或個人手創者，在消費水平相對較高的台北，要達到營利生存（不靠政府單位補助），其實是比較不容易的事。

台北與曼谷在智慧財產尊重的情況，其實是差不多的。

在音樂出版公司上班時，我的主管遇到一個情況。她前往國內知名的琉璃創作公司談合作案，在彼此知悉雙方所擁有的行銷資源後，對方為了壓低交換的條件，意圖貶抑出版品的價值。琉璃公司的主管說，反正CD唱盤的裸片也沒有多少錢，壓一些片子來給我們當贈品，交換價值就用裸片來計算之類的說辭出現；公司的主管反將一軍說，製作琉璃的玻璃砂也很便宜，你們可以用玻璃砂的價錢算給我們當交換。對方雖然馬上為自己沒有尊重智慧財產道歉，卻因此也沒有後續的合作。

生活美學帶動雜貨消費

在泰國呢？「超級英雄」的T恤、「Mr. Bag」的雜誌包都曾經觸動我的商業神經，但詢問的結果，圖片沒有經過授權。在他們的經濟規模中，除了自售之外，即使也批發給別人，但仍是屬於地下經濟，經濟規模是有限的，某種程度上也是利用了在智慧財產化外之地的條件，用一點點小聰明得到營利生存的空間。對於智慧財產關係密切的文化創意產業商品，這是加分還是扣分？文創商品在曼谷真的有生存機會嗎？

台北人的國民所得強過曼谷人，這是有數據可以參考的，但會不會生活、過日子，對於雜貨的購買水準如何，又是另一件事。我自己把雜貨的發展與享受生活放在正相關的向度上。台北雜貨界的代表，連鎖發展的「生活工場」很多東西都來自泰國，台灣的一些設計師也會把曼谷當作是一個採買重鎮，關於雜貨的採買，泰國還真是一個足以取經的地方。

暫且不論外銷出口，泰國人也許國民所得並不比台灣高，但泰國的觀光人潮卻可以撐起一定的營業額。在百貨公司的賣場、觀光夜市、全亞洲最大的假日市集，目光所見的全世界觀光人潮，為雜貨的購買族群在哪裡的問題，給了最肯定的答覆。尤其可以出國觀光的人潮，在經濟力上又經過了篩選。

買雜貨
Because Dog
的秘密

買雜貨
Because Dog
的祕密

而台灣的雜貨需求市場,目前靠內需,還有大家虎視眈眈的大陸觀光客,在生活美學或幫助雜貨銷售的力度,與曼谷仍舊有一些差距。例如日本有名的Loft雜貨通路,就選擇在曼谷開設海外分店。

設計者自己為創作說故事

在洽圖洽假日市集,學電影創作的小美開了間迷你的專賣店,專賣自己設計的明信片與筆記本。電影美少女小美經營的Because Dog,竟然可以用明信片、筆記本之類自創的印刷商品在洽圖洽撐起一片天,並且還可以批發到國外,這種標準的紙上文化創意商品,雖然印刷就可以複製,但竟然讓她變成洽圖洽商圈的特例,歷史悠悠久久,硬是存活了下來,比起她的鄰居們,來來去去,店面不斷移轉給不同商店,不得不說這是一個奇蹟。

小美的商店有隱性的商機與特定的門檻。隱性的商機是一些國外(泰國以外)的書店也會批發她的商品去販售,像台灣的誠品書店,而沒人翻拷的門檻是,在洽圖洽假日市集,小美總是自己販售她的商品,整間小店擺滿她自己的創作,沒有其他人的商品來干擾商店的主題。所以,沒了她現身為自己的明信片說故事,人們大大地懷疑這些趣味明信片的商品力,便沒人輕易冒風險去翻拷。「旅行明信片」也是這樣,在桑倫夜市,寄放在朋友的商店裡(朋友就是牙套男──BY MYSELF皮件的創作者),放著一個明信片的展示架,那些明信片幫他賺取旅行的旅費與照相器材的資金。

Lumphini站旁是倫披尼公園（Lumphini Park），2010年的紅衫軍事件時，公園是紅衫軍的大本營。當我搭乘大眾交通工具經過，紅衫軍設了諸多路障，真是有一種親臨戰場的感覺。平時，倫披尼公園為市民運動的地方，是個非常親切的公園。

小美最喜歡的電影導演是提姆波頓，這件事看她自己塗鴨的明信片就猜得到，充滿黑色幽默的風格。到洽圖洽可別忘了去小美的店逛逛，買張讓自己會心一笑的明信片唷！Discovery Center與洽圖洽都有很多這樣的商品，桑倫夜市也有一些文化創意的工作者。「旅行明信片」風格的旅行明信片，可以在桑倫夜市By Myself的店裡買到，不僅是幫朋友一個忙，也附帶增加自己商店的人氣。不過，每次去都會聽說桑倫夜市的地主要拆掉桑倫夜市，改建成百貨公司。

|交通| 去洽圖洽在地鐵Chatuchak Park站或空鐵Mo Chit站下車。去桑倫夜市在地鐵Lumphini站下車（桑倫夜市近期將改建成大型百貨賣場，原夜市攤位將遷址，請留意泰國觀光局網站查詢）。

買雜貨
Because Dog
的祕密

 ## 夾縫中也能開出芬芳花朵

在台灣有一些主張台灣傳統藝術的園區，為了適應消費者的平價需求與爭取毛利條件，進口許多中國大陸生產的平價商品。我並不排斥大陸生產的商品，較便宜的勞動力是他們的強項，商品價格的確很有競爭力，而台灣的雜貨來源，也漸漸有了進口國比例上的消長。

曼谷的手創業在夜市或假日市集生存著，沒有財團的操盤運作，卻變成觀光勝地，即使環境與創作都有一種很陽春的感覺，但是手創業者可以販售自己的創作，並且真實供養他們的生活，那種很紮實的生活感滲透在他們販售的商品中。

也許當你看到Because Dog這樣很文創的商店，也曾懷疑他們怎麼能生存？別擔心，他們不只能存活，還活得很自在。那些好好壞壞的曼谷手創業的優缺點，不小心在夾縫中就開出了許多野地的花朵，小小巧巧，卻逕自芬芳美麗。

Naked monkey, erotic?

猴子，不穿褲子

　　有一天，我小店的熟客買了三個可愛的錫銀合金鑰匙圈分送朋友。隔天，他帶著他的朋友來換鑰匙圈，客人吐了吐舌頭說，他的朋友收到可愛的「淘氣猴」，特別注意到猴子的胯部用金工與琺瑯燒出來極簡的小雞雞樣式，朋友覺得不雅。那個小紅點不特別注意並不算明顯，甚至看不出來是什麼，可是他的朋友說：「這是色情的。」所以他帶著朋友來，讓她自己挑選，於是朋友另外選了可愛的咖啡紅小鹿替代，咖啡紅小鹿是十分受歡迎的商品，於是她滿意地帶著小鹿回家。

　　事後，我想著這個問題，若是台灣的創作者應該不會做這個細節，直接忽略此細節，讓胯部整個空空的，呈現原本金屬的光澤。但泰國的民情不相同，他們不覺得這是個特別的東西，如果有人介意反而會覺得這是十分有趣的事，下次說不定還給他做大一點、明顯一點。像外銷三十幾個國家的Mr. P，雞雞變大的掛架，雄風十足的拿來吊東西，創意十足。我想各地的創作

61

者與消費者的包容度、差異度顯然是存在。

你注意到什麼

　　最近看香港雲翔導演的電影「安非他命」。因為議題與雲翔
導演的風格使然，片中有一些裸露的鏡頭，在雲翔導演自己的原始發行地香港上映時，雖然電影
已經分在限制級，但影片仍被香港的文化單位大刀剪片，一些片段的裸露鏡頭，在性器官上面噴
上黑色的噴霧來遮蓋，讓導演氣得不得了。該影片早先在歐洲上映，參加影展獲得好評，也沒有
做特別處理，台灣也是一樣正常播放。這則新聞讓我想起「淘氣猴」，這與小猴的胯下是一樣的
事，你注意到什麼，就注意到什麼。

　　剛開始從事藝品雜貨的買賣，即使是看展覽，看到設計感、美感十足的東西，就會飄飄然，
挖到寶一樣的興奮，如果又是進貨門檻可以負擔，很容易便下訂單，並且自己在展場不斷心裡

OS，好便宜喔！太划算了。因為批發代理價格本來就與零售不同，消費者的心態還沒調整過來，以為自己搶到便宜好貨。

當時覺得，好的商品加上相關費用變成零售價，就不一定賣得好。不是眼光差，或是挑選商品不夠好，而是對「好」的定義不夠清楚。因為每個地方的零售情況不同，商品總有切合的族群，該族群的價格可否承擔？該商品的定位都不一樣，需要清楚地知道，下單進貨已經不是單純的商品好不好這種過於簡單的評斷。然而，那時我的內在仍是一個普通的消費者在看商品展覽，我只看到「我自己」對那個商品「好」的定義，沒有市場與價格價值的概念在裡面。

買雜貨
猴子，
不穿褲子

經營小店幾年，經驗值豐富了，除了看展的眼光專業之外，平常與朋友逛街的時候，我竟用商業運作的模式來看街上的櫥窗商品。看著櫥窗想，這東西是賣給誰？年齡層的範圍，該年齡層的消費力如何？多少錢是高標？單價多少幾成消費者會出手購買？市場上有沒有類似的商品？適合實體通路、網路通路，還是郵購通路？

我注意到的已經是商業運作的模式，所以我注意到的也是「我自己」，我從消費者變成做生意的人，一般的消費逛街竟然變得不一樣。所以，採購員在挑選商品時，除了商品本身的設計與內涵之外，其實我們也是挑選與自己相呼應的東西，展現自己的商業本事，展現自己對於消費族群的認識程度。我們所有的行為都是呼應自己。

會心一笑，Mr. P

泰國雜貨有時會有一種極為國際化的美感，線條簡約，配色與設計都是頂尖。另外一個脈絡是戲謔式樂趣，例如身材豐滿的胖太太、Mr. P暴露小雞雞樣式的桌燈開關。Mr. P的杯子之前在全家超商當過集點贈品，在台灣也已經頗有知名度，其來歷可是集廣告人的聰明而成的唷！

印象中，廣告人都是極為聰明的一群。廣告的設計是一個極為精簡與濃縮的智慧，必須把想說的、要表達的、欲達成的，濃縮到短短的影像廣告或平面廣告中，在美感的平衡與衝突的爆點上，不只要有廣度的濃縮，還要促進後續的消費力道，廣告也需要這種深度的力量，這些都是不可思議的要求。如果廣告人不夠聰明，怎麼能有這樣的廣告表現。集廣告人的創意，開創了Mr. P

系列商品。那些杯子、膠台、垃圾桶、桌燈、理線器，生活中需要用到的日常用具，可以單單實用就好，也可以讓你在用的時候，會心一笑。這就是Mr. P。

在閱讀資料的時候，我發現除了Mr. P之外，廣告創意人在泰國的手創工藝領域頗有一個區塊，好幾個品牌或工作室都有廣告工作的背景。我想了幾個可能：第一、創意人本來想法就比較多，這個是一般人最缺的——創意。第二、泰國的生產門檻比較低，少量也可以找到手工代工，補強了需要直接手作的工藝問題。第三、廣告創意人的生活需要攪盡腦汁，太痛苦了，所以找出口，進入雜貨產業，擺脫廣告業工作的地獄（泰國出品的廣告常得到國際上的廣告大獎，這樣就可以知道他們有多麼優秀，市場有多麼競爭了吧）。

進入泰國雜貨的樂趣中

我們在其他事物上都看到了自己。如果明白了這一點，關注到這一點，那麼連逛街買東西都是一種自覺的開始。自覺的同時，我們明白自己恆久的習性與慣性，然後在自覺中，那些習性變得柔軟、可改變，不會那麼僵硬固執。

在泰國人的雜貨世界中，樂趣的成分占了很大的比例，也許有人醉心北歐雜貨的簡約，他們的廣告成本可是下得很重，價格也不低，其簡約的美感與耐久實用是不可否認。而泰國人的雜貨樂趣，如果你也可以明白、玩味，那些泰國創意人生活中的開心、創意、平和就與我們呼應了。

如果不小心把Mr. P的杯子給摔壞了，沒關係，它們的價錢不會讓人心疼啦！反正是便利商店送的，多吃幾個全家便當就有了。

買雜貨
猴子，
不穿褲子

逛市集

Bangkok, Shopping Heaven of hand-made crafts

BRICK BAR

PEPSI

Backpacker of Khaosan Rd

背包客的考山路

　　曼谷的考山路，幾乎每本關於曼谷的旅遊書都得寫上一段，這是背包客的大本營，旅行者世界的縮影，這裡有賣平價機票的旅行社，也有提供免費上網服務的平價旅館。只是網路的發達，平價旅館與廉價航空機票已經很容易透過網路取得資訊。上網搜尋，滑鼠點選，信用卡扣款，電子機票便可以持護照直接在機場劃位，位於不同區域的平價旅館都可以輕易在網路上找到，原本我以為考山路的必要條件正在消失，結果卻仍是酒吧林立、歌舞昇平。會不會短短的考山路上，衣著清涼的吧女風情，才是背包客心目中考山路的真正面貌？

　　注意喔！考山路的酒吧風情可是不同於紅燈區，年輕背包客有青春的本錢。前往帕蓬夜市的旅人，如果你想當個到處留情的背包客，還是得搞清楚情況，免得彼此認知有落差，以為自己英俊瀟灑、風流倜儻，事後還得撕破臉給錢，那可真是不解風情；而遇上考山路酒吧的酒促小姐也別誤會地喊起價來，以為是泡沫紅茶的制服店。

73

怎麼像在逛墾丁

　　第一次去曼谷，就跟同學走了一趟考山路。我跟同學各自買的旅遊書都介紹著考山路，綜合評點各家之言，考山路成為我們自選行程的一個夜晚目的地。遊曼谷，空鐵、地鐵、水上巴士實在方便，搭乘大眾交通工具，也滿足我觀察市井生活的樂趣。除非是空鐵、地鐵、水上巴士無法到達，一般我不常搭計程車。計程車35泰銖起跳，有些司機不一定讓你跳表，需要特別交代。如果不跳表就得與司機討價還價，面對一些漫天喊價的司機，相當不擅長討價還價的我只好放棄——NEXT。考山路在中國城附近，那邊剛剛好就是空鐵、地鐵無法到達的地方。在曼谷市中心逛了幾天街，選了一個傍晚，與同學「朝山」般，去一探所謂背包客大本營的考山路。

　　考山路的攤商聚集處，應該不會超過500公尺。與朋友步行走過，一下子就走完，因為逛多了賣給觀光客商品的攤位，展示商品大同小異的情況，很難吸引我們停下腳步細看。半個小時，已經從街頭走到街尾，街尾回到街頭。同學說：「怎麼賣的東西都一樣，兩邊的酒吧好像墾丁。」他的話才出口，這位現役身為酒商最喜愛的酒線新聞記者，連侍酒他都可以講出一堆侍酒師大道理的同學，怎麼可能讓他大熱天在路邊喝啤酒？我知道，他一定已經很想坐計程車回飯店吹冷氣了。

舊洋樓裡的星巴克

　　其實，在攤販的後頭，正常的商店櫃面天外有天，尚有一些銀器、銀飾店，只是攤販兩排搭建在原本寬敞的街上，本來的店面在傍晚之後，反而不容易看見。部分銀飾來自泰國鄉間，頗有傳統民俗風味。其他尚有國際名牌的仿冒品，一些銀飾品牌的基本款都有，我跟同學也沒有興趣。原定要消磨一個晚上的考山路，怎麼天還沒有黑透，已經被宣告OVER。不想到酒吧喝個啤酒，好歹喝杯咖啡吧！

　　記得，剛才路過星巴克的綠色標誌，在一條不明顯的小巷子口，回頭找這間星巴克，順著小巷走進去，竟然咖啡店是窩在一棟老舊歐式洋樓裡。略是侷促的正廳配置著吧台，二樓還是別人來承租的另外一間咖啡館。星巴克的簡介中，原本一、二樓都是星巴克承租，也許房東或其他人覺得地點不錯，於是分開來成為兩間咖啡館。

洋樓刻意保持原來的樣貌，外牆與室內隔間都不做更動，所以星巴克的內部就成為一間間小小的廳室，曾經是主臥或起居間的影子都還在。把古蹟用另類的方式讓人們參觀，舊建築新意義，咖啡館確實是很棒的營業模式，建築物也得以有經費可以維持。

老洋樓有歷史的風光，那條小巷曾經應是通往洋樓的私人通道，歲月流轉，整個考山路變成觀光商業的聚落，洋樓的建物遺留為極有特色的咖啡館。在公布欄中，有著租屋、機票、旅行等的附近相關資訊，星巴克還把這個地區的人文特色等製作在簡介上，儼然成為這個地區的里民辦公室。

這個地區的消費者來來去去，聚落的成型是商業的聚合，星巴克卻為在地人服務，也試著保存老建築，當然公布欄亦為旅者與在地人提供資訊交流的服務。無關咖啡或糕點的資訊，如果有問題想問，服務生也樂意為你解說服務。這時我便感謝星巴克的服務生英文都在水準以上，暫時可以擺脫旅遊幾天來比手畫腳的情況。

背包客聖地

考山路是背包客的聖地，酒吧生意好，所以酒吧多。考山路的攤販，攤位的商品通常都是便宜的小東西，商品單價比其他夜市便宜；較精緻

的仿冒品，所謂AA的仿品成本與零售價格太高，像仿Tiffany的銀鐲，不算手工費用，光是銀重的價格就超過1,000泰銖，這類型商品比較少見。而帕蓬夜市精緻的仿冒品比較多，桑倫夜市則是創意手工商品居多。考山路有幾種攤位滿具特殊性，其他地區少見的攤位，這裡卻一大堆。這類型攤位的主力消費者正是年輕觀光族群，家庭旅遊、蜜月旅行或退休觀光的旅人比較不青睞這類型攤位。

比起其他觀光區域，此類特殊的攤位有編黑人髮辮的行動美髮，各種顏色的假髮辮，除了整頂蓋住自己原來的頭髮之外，還可以混編、接髮，增加其他顏色的辮子，真真假假整頭都不同顏色，選擇多樣化。

辦理國際學生證的攤位也超多，走來走去就好幾個攤位，其實主要本尊是同一個，100公尺不到，卻有十個以上的分身，看板上的範例有不同組織的國際學生證、國際駕照等樣本，一張150泰銖，收錢交易後，拿到本尊的攤位去，那裡有掃描機、電腦、護貝機等。因為本尊是同一個，所以沒有議價空間。所有攤位都同出一個地方，價格就會固定。

在路邊看觀光客拿出照片來辦證件，上頭的選項實在讓人狐疑證件的真假，國際駕照、各

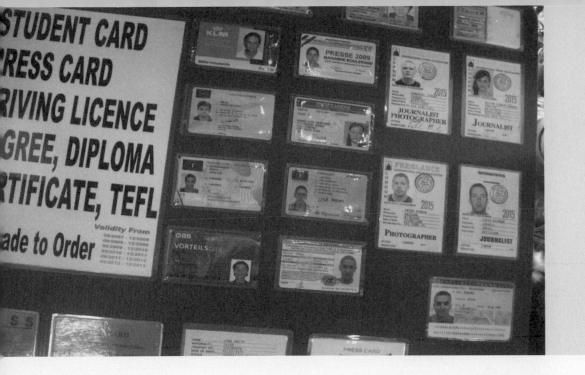

式學生證等幾十種。曼谷的交通有點「隨意」，號誌僅供參考，且是英式交通方向，靠左而行，單行道也頗多，過馬路已經在考驗我的反應能力，為了其他人的安全，尚且沒有想過要辦國際駕照。但國際駕照可以在路邊辦理，隨辦隨拿嗎？不知道這是否為合法證件？

　　盜版唱片與DVD的攤位在這裡也有，一般觀光區主要是DVD，這裡CD唱片攤位大很多，平片擺放，而不是像帕蓬夜市只有資料夾幾本，讓客人自己翻找。隨意的張望一下，攤主馬上告訴我可以服務我，幫我找要的唱片。謝謝他的好意，因為心中沒有鎖定購買的唱片，所以也不好表現得太熱切，僅簡單的瀏覽。在考山路的盜版唱片市場流行度較其他地區緊密，幾個月前發現王若琳的唱片被國際唱片公司當作國際片宣傳，於是就在考山路發現王若琳的盜版唱片。台灣歌手王若琳的唱片在曼谷被盜版，這真可稱得上另類的台灣之光，要知道，華語歌手要到蔡琴、鄧麗君等級才可以在此處看到唷！

背包哲學

　　對於旅行的人來說，背包是一個好東西，因為用背包裝東西來行旅，雙手可以有完整的空間，要把玩東西、抓取物品、攀扶等各種動作的機動性很高。對於在觀光地區開店的商家來說，

有關背包，他們沒什麼意見，但如果在觀光地區開精緻工藝品的商店，如果遊客都是背包客時，肯定是要愁眉苦臉的，因為單價太高，年輕的背包客負擔不起。

　　在鹽湖城的摩門教徒有一個傳統，大學生涯的一年，是用來海外傳教的。台北街頭也常看見穿西裝褲與白襯衫的年輕傳教士，修練著自己的身心。學業結束後一段長時間的旅行，也往往是一些年輕學生的壯遊，用很少的經費，也許還得在異地打工賺取一些旅資，住與吃都很節省，認識朋友，東晃西逛，沒有多餘的金錢買東西，若是真的買也沒有辦法帶，因為背包的空間有限，長期旅行的東西已經是精省再精省背包的空間，太占空間的物品是不可能的，所以就算是賣東西給背包客，也得是小東西。因此，這樣的旅行者，我們常常稱他們是背包客，大陸人稱之為「驢友」。美其名說，這是種訓練獨立自主的過程，進入社會工作前的刻苦浪漫。

壯遊的意義

美國大學的學費很昂貴，有些學生必須自己打工賺錢來讀書，如果錄取到一些私立名校，學費更是不得了，除了貸款之外，能夠讀得起的，家裡情況通常不錯。最近我就發現越來越多台灣的大學生都使用助學貸款，自己賺生活費，借錢來念大學。同學用助學貸款借錢念書，畢業後、就業前，找他（她）們一起出國玩玩。他們的反應是：「得先趕快就業來還錢。」當然不會有壯遊的想法。壯遊本質於浪漫的冒險，所以，如果不是夢幻般的童年、衣食無缺的年輕人，壯遊的想法從何而來呢？

用「壯遊」這字眼來稱背包客的旅行，其「壯」字，實有褒揚之意。台灣文化長期受美式文化影響，連思考模式也有所因循，諸如電視影集、電影等。台灣近年也在此話題上熱著，青年夢想的壯遊，用很少的金錢，進行一趟物質刻苦的旅行來豐富生命旅程，鍛鍊心靈較少去碰觸的地域，雲門甚至成立專門的獎助金，《商業周刊》也有專題報導。在考山路，看著背包客坐在路邊吃便當，我想著，有沒有泰國人在當背包客啊？的確，很難想像身型比台灣人嬌小的泰國人背著登山背包到處跑，那自在悠遊的感覺肯定變質成扛米袋般的苦工。

延市集
背包客的
考山路

有個笑話這樣描述，美國人地理不好。因為他們不知道除了美國之外，還有其他國家。這在取笑美國人無知與自大。可是，美國所崇尚的獨立、冒險精神，卻讓不少青年背包客進行著自我的海外旅程，那脫離母胎、原生環境與襁褓的儀式。相對同樣是西方的歐洲人來說，神祕東方的黃皮膚、黑頭髮、褐眼睛，同樣悠遠的歷史，異國的旅行當然也具吸引力，然而東方人的旅行，就是沒有那麼背包感，倒像極了苦行修練的僧人。自在、悠閒，是我認為關鍵差異的兩個詞。

背包客在酒吧喝啤酒，消磨時間。背包客的壯遊過於渲染，像童話一樣。但藉由不切實的浪漫、困頓的身心、物質的置之而甦醒精神層面，同理於陌生國度的萍水相逢，切膚於人間悲苦的視界，還是漠然若萬物芻狗？同樣的地區，每個人還是進行著自己的旅程。

處處有乞食者的地區，每日皆可目睹乞食的孩童、身體殘缺的乞者，教育與社會福利皆不若先進國家的水平，這些地區要出人人稱揚的壯遊青年？已經從小就壯遊囉！哪還需要出國旅行來壯其遊呢？

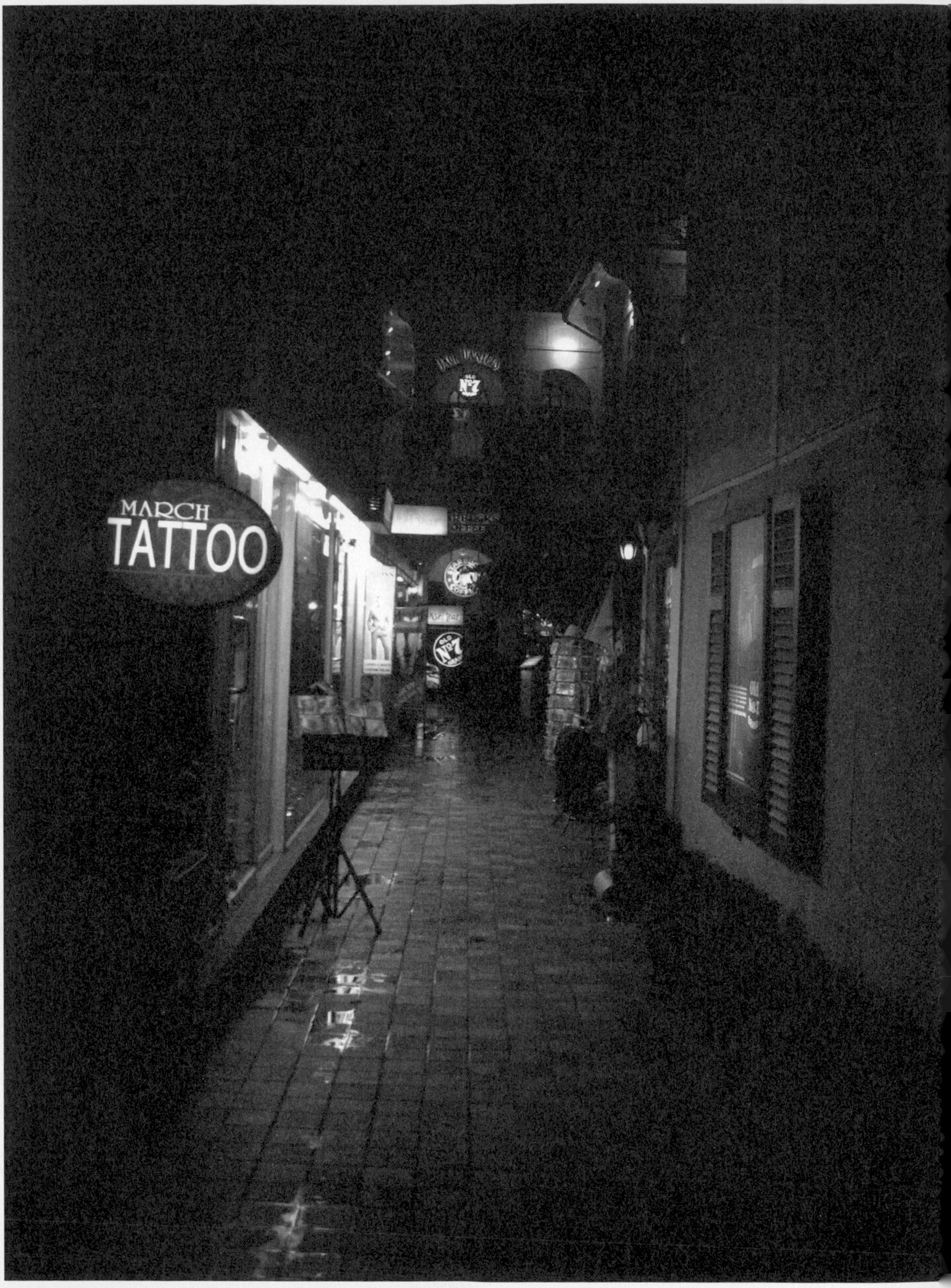
MARCH
TATTOO

文化根柢深厚的地區，根生的深遠文明，即使該地青年背上大背包壯遊，也沒有那麼背包感。背包一背就走，看似想要輕便、隨意，文化卻是代代根生的底蘊，結入歷史的環節。那不變的人與人之互動，彼此的尊重、教養，不管其壯遊，還是日常的起居，都是每個人生命的實踐歷程，也不是一個「壯」字說得清、講得完的。

逛市集
背包客的
考山路

背包客造就一條街

考山路吹起魔笛，地鐵、空鐵未達，群聚的背包客卻造就了一條街。當廉價旅館、平價機票，都可以在網路上輕易搜尋，考山路對於背包客的誘因還有些什麼呢？如果墾丁只有一條大街，沒有海與沙灘，還是墾丁嗎？當然，那些相互交錯的共存因果，每個條件的成因皆在其中。這邏輯用在考山路上，夜市攤、平價旅館、酒吧都是考山路的元素。相對於墾丁的南島風情與海，考山路的本質更是一波波像海浪一樣而來的旅人。背包客們同聲一氣，像一個祕密集會似的，坐在露天酒吧喝一杯海尼根，也許，還與衣著清涼的吧女做個無傷的調笑，以為自己看著異國風情，不知自己卻是考山路商品櫥窗中最主要的商品。

身為觀光客的我跟同學從台灣搭飛機到曼谷，轉地鐵、搭計程車去考山路看其他的觀光客，觀光客去過觀光客都去的地方才算出國旅遊嗎？喝著咖啡的我與同學，只差沒有在觀光地標上刻寫著到此一遊，而現在的人都用數位相機替代，站在地標前比YA，然後放到微博或Facebook上來代替刻字！

這是一個弔詭的世界！這是一個弔詭的世界，我們活在別人與自己的詭異期待中（沒錯！不是校稿沒校到，我的確寫了兩次：這是一個弔詭的世界）。

C'est La Vie！是的。C'est──La──Vie──！

夢想的中繼站_桑倫夜市

　　來到台灣，很多人會指名要逛夜市，夜市是一個地區市井生活的縮影呈現，街頭叫賣，海口人的江湖氣息，很有一種恩仇快意。平民美食、玩藝，都是真真實實的生活足跡。光是比較台灣南北夜市，就會有差異，南北大不同嘛！何況是曼谷的夜市，形形色色、迥然不同。若要深入泰國人的生活或採購雜貨，一定不能錯過桑倫夜市。

　　我逛過在曼谷郵政總局的小夜市，竟然還有歌舞表演的舞台、小小的摩天輪，台灣常見的吊酒瓶、射飛鏢、射擊遊戲，更有炸蠍子、甲蟲等吃食，比南台灣更南台灣十倍。曼谷是國際的觀光都市，幾個知名夜市如考山路、桑倫、帕蓬夜市，雖然沒那樣道地泰國味，雜貨物品卻更有可看性，不同夜市在屬性有本質上的差異，但基本上都是觀光客比例高的夜市，比起一般地區性的夜市，在規模與精緻度上都是另一番景象。

夢想的起點

考山路以背包客聚集聞名;帕蓬夜市在紅燈區,知名銀飾的仿冒品不少;桑倫夜市則有手創製作,還有固定的大舞台與露天美食區(其實有棚子的,挑高三、四層樓)。考山路兩旁有群聚的酒吧,很有一種悠閒自在;帕蓬夜市要去Go Go Bar,看性感露骨的表演;桑倫夜市可以好好享受露天啤酒與免費的舞台表演。此外,帕蓬夜市與考山路夜市是每日拆搭的臨時攤,桑倫夜市的攤位是固定的鐵皮屋。鐵皮屋雖然簡陋,卻可以獨立裝潢,固定的位置也有利經營長期客戶。

每個觀光旅遊的地方,自然都有賣給觀光客的商品,提供一些紀念品讓觀光客購買,但桑倫夜市的鐵皮屋提供一個固定的位置,除了一般紀念品之外,特殊的商品也可以找到,尤其那些極欲建立自我風格的服裝、飾品、彩繪等。所以,若要採買,品質與品味非常多元的桑倫夜市可以列入行程,看著那些衣服與飾品,真的,這真的是一個「夢想家」園地。當然,桑倫夜市是夜市中規模最大的一個。8,000泰銖左右的租金,2〜3坪的店面,自己製作,或是批一些覺得很符合自己風格的衣服,以自己的名字做個招牌,時間將使這一切成為一種「風格」。或者,時間淘汰了這一切,時間將使一切只是「風」。

桑倫夜市是這樣的,有著夜市的外表,卻是許多人夢想的起點。生意好的攤位,轉戰觀光人潮更多的洽圖洽;生意差的攤位,就收攤回去上班。很多的自創服裝、飾品,很多的可能。當然,門檻低,幾千元的店租,我自己是覺得桑倫夜市有其族群與市場,觀光人潮是跑不掉的,很多旅行團仍然會帶著觀光客到桑倫夜市。畢竟是觀光夜市,有吃、有玩、有逛、有買。我常看到導遊指導著一群人,面授機宜,並且約定集合時間。

動人之處在於過程的參與

　　緣分，每個人的美感，終究有其緣分。自己以為沒那麼美、沒那麼受歡迎，那些過分的流蘇、過分的亮晶晶、過分的顏色，其實還是有其族群、有其市場，所謂過分只是自己的觀點而已，都只是究竟時空中，單一視角的切面，所謂他人與自己都是不完整的觀點。但終究能夠發展下去的店面、公司，以及能夠在時間中發揚光大成為一個品牌，其商品自然有符合某種條件與美學的大方向，令更多人欣賞，進而讓人們願意花錢購買，變成一個公司、變成一個品牌、變成某一種美感風格的代言，甚至更引領著潮流的走向。

　　好比我們看著歌唱選秀節目「超級星光大道」，製作單位以為要把人訓練好上台，接受更嚴格的舞台考驗，但身為觀眾的我們，有時也會喜歡真實的素人，不夠成熟、穩定，卻真誠的歌聲，那藏在背後的動人因子是這些素人歌手轉變成專業的動態過程，而不是一個完整完美的舞台表演。我猜測Roger老師幫素人歌手做造型的那一集，應該收視率會相當不錯，那是一個轉折的高潮。這樣說吧！素人比已經成為專業歌手更動人的原因在於，在有限的時空切面中，狹隘地、私密地，你參與了那個不完美的過程。這樣的過程變成一起青春的密碼，讓素人更可愛、更可親，即使後來他們獨當一面變成完美的大明星，這青春的密碼已經記得，過程已經參與。常常我看著不完美的泰式手工作品，也會有這樣可親的感受。

　　在桑倫夜市逛到一家有趣的商品，三個設計師合作開設的小鋪子，三個人輪流來顧店，拉鍊娃娃的創作者已經找代工幫她囉！桑倫夜市的開店門檻並不太高，觀光客也多，看到許多商品還

不夠成熟的小鋪子，卻也經營了下來，僅是抓住了某個創意的點子，就可以變成一家特色小商店。這樣的同好、朋友彼此交換資源，或是相互支持的例子是很好的樣本，即使商品設計的成熟度還沒有到水準，但的確是手作商品。也有朋友們一起開店，或是當鄰居各開一家店，然後彼此相互支援，平日人潮沒假日多，也許兩個人顧三家店，相互幫忙關照一下，彼此輪流放假。

一些有趣的小商店

介紹幾個有趣的小商店，雖然坪數不大，也或許當你造訪時，兩間併一間，變大了。或者，已經不在，但放心，睜大眼睛，總是會有新發現，這就是旅行的樂趣。

●插畫家隨手創作的商店
插畫老師說他在香港開過畫展，他也認識台灣的藝人小豫兒唷！他給我看與小豫兒的合照，原來是旅遊節目曾經採

訪過他。之所以注意到這家店，是因為門口的插畫風娃娃雕塑，那是老師的學生的作品。他的學生帶有非常黑人風味的模樣，捲捲的小辮子頭、身上的刺青與背心、手臂的肌肉看來應該經常健身，結果那畫風卻童心十足，畫中的小女孩除了搞怪之外，有些T-shirt上的小女孩甚至哭泣憂傷。然後他家貓咪突然跳到他懷中撒嬌，而他說家裡還有好幾隻貓。突然，我也不太知道該怎麼去分析這個人了，外表的剛健與畫風的溫柔有著十足落差。

● 大眼娃娃攝影館

　　幫娃娃拍照也可以成為一家商店，大眼娃娃在曼谷挺紅的，在Siam Paragon的Q概念商店中，有很大的區域在賣大眼娃娃。這家位於桑倫夜市的店不賣大眼娃娃，牆上卻全是大眼娃娃放大的沙龍照。你可以想像幫大眼娃娃拍照，販售那些輸出照片也可以弄成一個店面？在桑倫夜市，這樣一個小小的攝影藝廊，還提供外拍的服務，經過美術處理的大眼娃娃照片是一幅幅掛畫，就像喜愛一個人或戀著自己，把照片掛在牆上一樣，所以也可以幫每個人各別的娃娃拍照。幫客人的大眼娃娃拍寫真，這恐怕是除了幫自己家的寵物拍寫真之外，另一個有創意點子。婚紗、個人寫真、小孩與寵物的寫真，現在還有家裡的玩偶寫真，真是太妙了。

● 三人成虎

　　拉鍊玩偶、皮雕，皮革製品、創意布飾，我在桑倫夜市遇到的是拉鍊玩偶的作者，剛好她也是我以為這三個人的商品中，較具有創意特質的，而她自己製作不來，也已經開始找人代工囉！可見她的生意不錯。另外被我注意到的是，她們共生的模式，三

個人白天都有工作，租一個夜市小店，三個人輪流來顧店，既可以有白天的收入，晚上的店面經營費用與門市顧店的時間也有分攤，時間與財力都可以分成三等份，要把一家店給擺滿，可也不是件容易的事。這倒是可以給台灣很多有志從事創意手工的人一個模式範例。在創意市集擺攤認識的朋友，個性、人品等默契都已經有了，倒是可以這樣展開自己的小生意，固定的據點會比臨時攤位在體力上輕鬆一些，店面的支出也都有其他人可以分攤。

● BY MYSELF

　　牙套男很拚命工作，是要存整牙的錢嗎？我亂猜的。他周末假日白天在洽圖洽開店，每天晚上則到桑倫夜市開店。他的創意說來很簡單，卻十分切中客人客製的需求，就是用鋼印幫客人把名字打在皮件上，當然皮件是他創作的，形式簡單、大方，從手機吊飾到筆電的皮套都有。手工真皮的商品雖然稱不上多麼精美，卻價格平實，又充滿樸質的素人感覺。而上面鋼印刻寫的名字可是客人自己的，或是將收到這小禮物的人們的名字唷！這種客製個人化的意義無可取代，使牙套男也成為人氣商店。

● 旅行照片明信片

　　把自己最愛的事變成一個可以營生的工作？這傢伙我沒有見到，他的店開著，旁邊的攤位是朋友開的，順便幫他做生意、結帳。她帶著相機四處旅行，拍下照片，列印成明信片，然後充實地掛滿三個牆面，要買明信片的人請自取，到隔壁結帳。買下照片的人也許是喜愛這些結構平衡的美美照片，也或許是被這個傢伙的創意生活給感動了，投資他一點旅行基金與攝影器材的費用。

自成一格的生存之道

　　在我新店的小鋪子，長期經營一些手創品牌，其中不乏一些泰國的新銳設計師。美感中自然有一個大方向，宇宙也有他的規則，

在夜市中，雖然我對桑倫夜市的評價頗高。但桑倫夜市即將消失的傳聞不是一兩天的事，店家也越來越少。以夜市來說，桑倫的固定空間，給給商家更多自主展現的機會。其他像是露天酒吧的美食區，泰國菜的表現也不俗。因為我在泰國通常只吃泰國菜，所以桑倫夜市所賣的Pizza、薯條、漢堡類食品，就請你自己試試看囉！

|交通| 地鐵Lumphini站（桑倫夜市近期將改建成大型百貨賣場，原夜市攤位將集體遷址，請留意泰國觀光局網站查詢，或前往上傳即時的旅遊部落格查看）。

需要更大的規格，就要順應更大規格的緣分。如果真的好，那就沒有什麼無法存在、生存的理由，縱使世界的經濟情況起起落落，但與世界宇宙的大方向並沒有違逆，怎麼會不能生存呢？只是所謂好、所謂美，如果只能迎合太狹隘的時空現實與意義，其實也無所謂對、錯，就把那個手工做來自己欣賞、家人欣賞、朋友欣賞，都無傷大雅。美的訓練與進展，我們都可以在有限的經驗中圓滿，並隨著對世界經驗的擴張，朝向更大的圓滿邁進。

逛市集
夢想的中繼站
桑倫夜市

已經傳了很多年，關於桑倫夜市將改建成百貨大樓的說法。因為這個理由，夜市有些萎縮，這些來來去去的創作者，也許轉戰其他地方。他們告訴我，其實曼谷已經不缺百貨公司，但具有豐富文化創意園區意味的地方卻非常少。政府也許會在百貨公司的樓層內規劃出區塊，提供這些創作者空間。然而，實際上他們並沒有真正的財力承擔百貨公司的抽成與包底。給予補助？如何審核？這些都無法比得上桑倫夜市這樣的空間，店家與創作者自給自足衝撞出一套營運的模式。在這裡，初生之犢、尚未成熟的商品，也可以有露臉的機會、試誤的機會。看似空曠或荒蕪的地域，卻有自成一格的生態，開出在地的花朵。這實在是非常接近「自然」，接近「道」。

桑倫夜市的創作者，以一種交朋友的方式窩在這個地方。尤其手創者的群聚，他們協助彼此、串門子、從事創作，比起其他地區的商業氣息淡些，一個月8,000元的租金，換到的是一種與朋友在一起喝啤酒、創作、聊天的生活方式。三個人合開的店，或是一群朋友各開各的店，卻彼此照應，畫畫、雕塑、針線縫製、皮件。若要真的拿到賣場去評斷價格與價值，無法完整商品的光彩與靈魂，因為商品的意義不只這樣，看見創作者在那裡介紹自己的風格與商品，好像親身參與了創作的過程，那是一種很人性化的感覺。去了幾次，知道是熟客，在燈光昏黃下，氣氛頓時溫暖了起來。

迷城洽圖洽

　　因為間歇性的雨，整個曼谷多了點清涼意，如果你是自由行，想一探亞洲最大的假日市集，那麼周六的早上是最推薦的時刻。店家正準備開張營業，有些熱愛洽圖洽假日市集的曼谷人今天還沒有放假（民營企業通常是周六仍需上班），上午時光的天氣還沒開始熱，而我就在這樣的周六上午，腳踏著還有昨夜雨痕的地板，再次來到這名聞遐邇的洽圖洽，亞洲最大的假日市集。

　　洽圖洽假日市集地鐵、空鐵都有到，站名不同，地鐵叫洽圖洽，空鐵在Mo Chit站下車，兩個站不交疊，但距離很近，曾經在紅衫軍起義空鐵、地鐵停駛的期間，我還搭過巴士來到這裡，因為是人潮聚集、觀光的重要地點，所以交通非常方便。

　　洽圖洽假日市集不只觀光客愛逛，也是當地人喜愛來的地方。吃、喝、

玩、樂，每一區都有特定的主題，居家用品、園藝雜貨等，但不用期待商家真的完全按照上面的分類來承租與銷售商品，這只是大概的分類，若要尋寶還得細細逛。在旅客服務中心索取的介紹，連觀光警察都這樣告訴我，簡介參考就好。於是，搬家或與我失散的手工藝品創作者，沒帶著他們的電話名片，一時之間，我也暫時失去他們的消息。這個地方是個迷城，區域分類可以參考，並非絕對，若是我沒刻意留電話的店家，一旦換位置，往往是人間蒸發，實在很難找到他們。有些不太有興趣的區域根本都是略過，不逛進那些層層的街巷，所以只能期待下一次的萍水相逢。

手工創意的搖籃

泰國是一個手工創意的搖籃，要粗略的了解這些，洽圖洽假日市集是個很容易入門觀察，也很容易下手購物的場所。手工創意若要繁花盛開，其土壤與環境必須有幾個基礎才行。第一、該地區的工資水平不能太過於昂貴。第二、足夠的商品消費對象，以及消費對象對商品與價格接受程度。第三、心靈素質的水平。泰國老闆告訴我，泰國人寧可論天計酬，也不論件計酬，錢慢慢賺，不求快，只求收入穩定。這對手工藝的品質來說很重要。

泰國的工資比台灣便宜許多，98%的佛教徒，信仰穩定足夠，文明古國承襲來自印度、中國與西方的交融，並且有大量觀光客撐起基本的銷售量，依靠外來觀光客對於手創商品的支持與尊重。台灣的手工創意要在台灣生產的成本較高，雖然國民所得相對較高，但靠內銷與大陸觀光客的消費還不足以支撐昂貴的手工業創作，況且個人工作室的手工創意也還沒有所謂的品牌吸引起人們以消費來支持。因此，兩個國家在經營手工創意的難度與方式不同。

在台灣個人工作室要變成一個可以營生的工作，商品必須夠強，包括設計感、美感、市場價格等，因為沒有具規模的公司來作為商業規模的後盾，創作者必須十八般武藝樣樣行。若要找地方來賣，光靠擺地攤或創意市集而要營生也不容易。若想找市區或觀光地區的店面，恐怕進入門檻是很高的；若想在網路上賣，也與找店面一樣，網路的行銷也是已經步入經濟規模的熟成期，各樣的商品露出與行銷，「錢關」是跑不掉的。這時口袋不夠深，商品獨特性不夠，也難達到個人營生或損益兩平的標準，所以做興趣是很合適，要當正職工作端看個人本事。

洽圖洽假日市集對於創作者來說，有趣的地方就是只需假日進行銷售，周一至五可以專心從事創作。我認識幾位創作者，他們已經不只在洽圖洽假日市集零售，甚至已經接受批發的訂單，每天的工作都是滿檔，即使表面上只有周末開張做生意。創作者在現場對於商品的銷售是有絕對幫助，從另一個角度來看，如果創作者不在現場，商品仍然可以為自己說話、有足夠的商品魅力，還可以批發出去給其他人銷售，那就證明商品的成熟度更上一層樓了。

分享一些私房店家

我不是生活在曼谷的泰國人，一個人旅行的時候，往往逛著如迷城的洽圖洽，看到熟悉的店家，有一種莫名的親切感，明明好幾個月才去一次，甚至半年、一年才去一次，卻會有一種殷殷的親切，很想問店家：「你還記得我嗎？」然而，有些才碰過一次面，也沒有多聊的，則會偷偷地、遠遠地先觀察一下，假裝自己是第一次來。且分享一些我的私房店家，如果你也逛到，不妨「交關」一下，這些好東西，不會讓你失望！

● 可樂一家　Nice Little Clay
我曾這樣想像，一整家店都擺著可樂一家的商品，杯子、盤子、碗、畫作，那麼一定是一個愉快的空間。可樂一家的商品就是這樣使人開心，他們用愉悅的心情純手工創作，不求快、不求大量。我曾建議他們可以去參加禮品展，一定可以大大的拓展商機。可樂貓的爹娘卻說，他們做不來這麼多商品，也不想失去純手工的創作感覺，改成機器大量生產不是他們想要的。

粗糙卻樸拙的陶器，與大地、泥土特別貼近。基本、簡單、小小的生產規格，換得穩定而快樂的心靈品質。甚至，我們還聊起了婚姻，因為可樂貓的爹娘已經在一起非常多年，卻沒有結婚。他們異口同聲地說，如果不確定相愛，就會需要結婚，他們目前的生活，婚姻有點多餘。這種說法還挺新鮮的。

我喜歡他們商品的樸拙，是一種很純粹的快樂力量。

● 機器人
機器人先生現場彩繪他的作品，以他俐落的速度，每一個創作所花的時間並不多，不用十五分鐘，若沒人打擾他，一個小玩意的顏色很快就可以上好。但在創作的過程中，那些顏色並不是

105

隨便塗上，他一邊看著形狀、之前上的顏色，進行整體與片段的觀察，並且調整下一個顏色的選擇，使得每個作品的顏色都不相同，卻可以呈現他自己非常鮮豔的風格。我常想找時間與機器人先生好好聊聊，但他的店裡隨時都有圍觀的人、購買的人，上回去逛洽圖洽並沒有見到他，難道是換攤位了嗎？

濃厚、豔麗的風格，顏色的搭配是一個關鍵，卻是不能簡單複製的條件，即使其他東西可以找人代工，如機器人的形狀，但最後上色的部分完全不可能交代給其他人接手。在台灣，我的朋友金洋創立了一個「手感的秀」手提包品牌，一個手工拼貼的皮製包包，拼貼皮革的配色其實也是非常關鍵的部分，好的配色與差的配色決定了包包很基本的視覺美感。機器人先生的作品雖小，但鮮豔的風格、對比的配色，顯然都是他一手彩繪的成果。

● Because Dog　電影美少女

如果像小美這種賣明信片的商店也可以生存，那麼你就該知道她的商品力是多麼強的吧！小美算是元老級，因為她在洽圖洽開店的時間已經很多很多年，附近的店家都沒她的店鋪歷史悠久，而她的店卻是最會讓人覺得無法生存的小鋪子，因為她賣的是非常文創的東西——自己設計的明信片，以物質面來看，就是一張簡單的厚紙片。照片、塗鴉、文案、美術設計，都是自己一手包辦。最近一系列的商品是關於狗狗，而她的品牌也在幾年前改名叫「Because Dog」。每天她得照顧家裡的諸多狗眾，她說，那是她非常喜歡做的事，而狗狗也回報她非常多的愛。

小美是學電影的，她最喜歡的導演是提姆波頓，這個線索不難在她的塗鴉式明信片畫風與文案看出，例如我喜歡的蟑螂塗鴉，那個文案寫著：「always run to you」，到底是要示愛，還是要嚇人，果然是一個腦筋充滿怪思想的電影美少女。一人工作室所需要會的東西可也不少，十八般武藝都是小Case，繪畫、攝影、文案、美術設計等皆要精通。我覺得最難的是，不同專業之間的腦袋轉換，常覺得需要另一個腦袋來幫你忙。但小美家的狗狗與貓咪，就是她的軍師們，除了愛之外，也給她源源不絕的靈感。

● 姜婷

姜婷的小東西價格便宜，品質不錯，家裡幾個姐妹也都一起從事創作，即使有人會模仿她的小玩偶，可是在品質上卻敵不上姜婷的手創品。雖然有不少外銷的訂單，但她仍以店面的銷售為

主，來不及製作外銷訂單就先Hold著，一Hold就是一兩年。不曉得在紅衫軍影響外來觀光客生意的情況下，她可是把外銷訂單給消化掉了沒（但我在紅衫軍期間去曼谷，洽圖洽人還是很多）。

姜婷不諱言她的商品已經有人在仿製，她給我看那些手工的差異，細部的表情她用六、七針縫製一個嘴部微笑，而仿品用三針縫一個勾型。姜婷拿給我看她收集來的仿冒品，我很驚訝，因為她的商品不過只賣30泰銖（泰銖與台幣差不多幣值），竟然還有人要競爭，就算縫得較差，也可以賣30泰銖，可見她的商品很搶手。

姜婷說，雖然她有很多國外的訂單都沒有出貨，小娃娃外型可以請人代工，但是刺繡的細節她還是希望可以自己來，這樣才能維持品質，結果就是較大的訂單她沒有辦法消化。姜婷做生意的方式也很奇妙，她並不是以訂單的先後順序來處理出貨，而是累積到足夠你要的商品，就請你付款，然後寄給你，很多小訂單直接去現場挑貨、拿貨、付款，所以那個訂了很多商品的訂單廠商，可能永遠都拿不到吧！但姜婷不會收你訂金，因為不確定商品的交期。

另外，商品的批發價與零售價並不會差很多，往往東西外銷到國外，外國的商家可以自訂售價來銷售；然而當地的零售業者就比較難提高售價，由於自訂的售價會與創作者自己零售的價格衝突，因此這是個很難的抉擇。這也許是仿製品的商家，自己想製作來賣的原因，但品質實在讓姜婷很不高興。她說：仿也要仿好一點，這樣會破壞她的商譽，人家還以為是她的東西品質不好，客人買到會很可憐。

● 超級英雄　Mercy

有一次在百貨商圈逛的時候，瞥見一個地攤正在賣「超級英雄」的T恤，因為朋友燒仙草先生有一個大型的蝙蝠俠公仔，我猜他是喜歡這些超級英雄的，所以在地攤買了一件給燒仙草先生。不小心在洽圖洽看見整間店都是Mercy的T恤，上前詢問是否可以批發。他們留了E-mail給我，並且告訴我批發的條件，我猜若不是製造者，也應該是大盤商，因為他們的確在現場有批發給其他人，但是除了品牌之外，卻沒有固定的公司行號。我自己私底下猜測，應該這些畫作，或是卡通人物的彩繪都是沒有經過正式授權。所以，即使商品有特色與競爭力，仍然沒有辦法進入大通路銷售，因為合法性的關係，也不敢留下電話與地址。

　　這樣的情況在曼谷頗為常見，例如Mr. Bag包包先生。我在MBK看到非常有商品力的包包，運用時尚雜誌封面的圖檔，印刷在提包上，質感不錯，尤其那些照片都是知名攝影大師的作品，當然明星的美麗也是相當大的吸引力。我寫E-mail去詢問，請教商品照片的授權問題，對方很直接告訴我並沒有授權，但可以批發給我。沒有正式授權，我即使喜歡，也是殘念。照片是時尚雜誌的封面，如《ELLE》之類的，授權過程我自己也覺得不可能，畢竟需要牽扯多方，包括雜誌社、經紀公司、藝人，結果這樣的包包就不能在大通路上販售，我也不可能進口來販賣。

● 古銅項鍊

　　如果語言不通是不是就不能購買與批貨，一些英文不太靈光的朋友其實不用擔心，語言的障礙可以視為一種挑戰，克服了這些亦是一種樂趣，想想那些店家不通英文，也一樣拿個計算機做起生意，這不也很奇妙嗎？

　　常常看到年輕人用一些古銅式樣的項鍊來搭配衣服，搭配得好就變得十分有風格。我在洽圖洽的圍牆外，看到一些不錯的式樣，但那個用一張摺疊桌構成一個攤位的老闆，卻一句英文也不會說。我挑選了十個項鍊後，在語言完全不通的情況下，竟沒有辦法談批發價。轉個念頭想想，

已經很便宜了，所以又加購了二十個。我向老闆要電話，因為這樣的臨時攤位是不可能固定在同一個位置，下次來就會找不到，結果，他卻寫了收據給我。我只好把自己的手機拿出來比手畫腳一番，他才明白，把電話抄在一張單子上給我。

不過，我們語言不通，要他的電話又怎能訂貨呢？不擔心，找飯店的櫃台人員，或是懂泰文與英文的路人幫我講電話就可以啦！這種小困難，已經難不倒我了。所以，請別擔心自己的語言能力，船到橋頭自然直，只要有心，很多困難都可以克服。

● 香氛美學

因為曾經學習過芳香療法一段時間，對於台灣芳療的商品與品牌大致了解。因為台灣的商業遊戲規則門檻較高，品牌的包裝都十分高雅、精美。相較歐美的牌子，大概就是實用的包裝而已。在泰國創意設計中心的展示櫃中看到「香氛美學」的商品頗有驚奇之感，因為又在跳脫出原有的商品規格變出另一種形式。深色不透明的瓶子，裝著香氛的陶石，氣味被保存在類似藥瓶的罐子裡，好像居住著一個個香氛精靈。打開瓶子，香氣成為雲霧，幻成實體的精靈，彷彿精靈施以魔法就會應許你的願望一般。

隔幾個月去洽圖洽，發現香氛美學的攤位越來越多，料想應該是生意很好吧！其中有些商品並沒有那麼實用，卻是送禮的好選擇，例如剛剛提到的陶石香氛瓶。所以，滿是觀光人潮的洽圖洽，就是一個非常好的展店地點。

● 2010年最新的藝術家七區

2010年8月逛著洽圖洽，在紅衫軍散去的時間，觀光人潮很明顯的比5月更多。而洽圖洽卻又帶給我一個驚喜，將七區改成了素人畫家的專區。本來已經頗多畫家的區塊，現在又更豐富。這一區的走道比其他區域寬敞，雖然沒那麼多雜貨供遊客選購，但是卻為整個洽圖洽在氣質上加分，害羞的畫家們於假日在此展售自己的畫，他們幾個聚在一起，任由人們自己遊走觀賞，那些風格迥異的畫作，有些性感、有些可愛、有些黑色、有些灰暗、有些簡單。如果有人喜歡，他們就帶著計算機與客人議價，很多人的語言能力都不太好，但他們靦腆、非常不生意人的做法，其實是更有力的聲音，說服遊客不辭千里帶回他們的畫。

逛市集
迷城
洽圖洽

買畫是一件奇妙的事，已經超過了我的心靈水平，如果你不是個畫作商人，卻買畫收藏，甚至掛在自己的家，在生活的條件上必然有其優渥處，或是對心靈的品質上有一種堅持，因為欣賞畫已經跳脫出一般食衣住行基本的生活必需。要能感受一幅畫，抑或是一首樂曲，都需要一個基本的心靈條件。也許這樣的「識食」，對某些人有其必須，我想起13世紀伊斯蘭教神祕主義詩人魯米的一首詩。

> 沒人能夠救贖我，除了那美。
> 美之神進入靈魂。
> 彷彿一個人在春天走入果園。
> 進來吧，
> 再以那種方式！
> 點亮　一盞燈。

生命的流動

在曼谷從事雜貨採買的工作已經好些年，看了不少洽圖洽的來來去去，有新的商家進駐，也有舊的離

113

洽圖洽假日市集逛街檔案

洽圖洽是亞洲最大的假日市集，盛名之故，旅行團會安排一個下午在這裡逛逛，自由行的旅客也不會缺席。當我向泰國人說，我要前往洽圖洽逛逛，每個人都會對我耳提面命，要我小心財物，當心後背包，那是最不安全的。洽圖洽的人潮之多會有摩肩擦踵的情況，肢體碰觸一多，難免會沒有注意到背包已經自動開啟。旅行在外，掉錢包、證件極不方便，所以還是小心為上。

洽圖洽版圖不斷地擴張，一旁新蓋的購物區塊，設有空調，在洽圖洽這是很奢侈的。洽圖洽的商品通常已經比較便宜，如果再議價也會有收穫。但我覺得在洽圖洽的商家，基本上所標定的價格已經比其他夜市或當地市集合理，所以如果要喊價，請以大家「開心」為上，不要太計較五角一毛的，珍惜、享受人與人互動的樂趣更重要。

|交通| 地鐵Chatuchak Park站、空鐵Mo Chit站，都可以抵達。

（請參考17頁，洽圖洽市集地圖）

開。把時間的焦距拉開，用更長的、更遠的時間來看，哪有什麼店家會永恆？他們不是擁有更好的發展，離開這鐵皮搭成的炎熱迷城，就是負擔不起房租而離開。

從一開始就認識的可樂一家與小美，他們都自己創作，並做著批發的生意，洽圖洽是他們工作版圖的一環，他們很清楚自己，知道自己想過的創作生活。小美自己拍照、做所有的雜事，每天照顧她的貓貓狗狗（她說自己最喜歡做這些別人看起來瑣碎的事）。可樂一家不去參加國際貿易的商展，他們寧可自己在泰北的鄉下普南做陶藝手工，接一點緣分使然的國際訂單與自己零售的生意，不把生意做大，不把商品賣貴。他們心中的永恆不是商店的生意，而是單純的生活，相形之下，這類型的創作者，他們在洽圖洽的店也就最穩定。

生命亦是這樣，你不是朝著向上的路邁進，就是沉淪，沒有靜止不動的，縱使飄飄蕩蕩總有飛翔的方向。在有如迷城的洽圖洽，我看見創作者生涯的縮影，是不是也看得清自己的，而身為讀者的你，在自己的閱讀與旅行生涯中，看見自己飄蕩的方向了嗎？你是要往天空飛去，還是正在降落？能夠看得越遠，就越不容易迷失。

每一趟旅程都彌足珍貴，魯米的詩這樣寫著：「旅行，是人們對神殘存的記憶。」出走是為了看清自己原來站的位置，離開是為了拉開距離，於是遠遠看著自己本來的生活，才能更清楚自己想要的，才不至於迷失了方向。雜貨的旅行，雜貨只是一個抬頭，旅行只是個方式，生命並非如此簡單，也不會過於複雜，你只需要一次次出走，享受生命，觀照自己。

藍色大門_夜晚與帕蓬

　　雖然我不太逛帕蓬夜市，不過Sala Daeng是空鐵與地鐵交錯的空鐵站，我經常住在這附近的飯店，所以也常經過帕蓬夜市。

　　人潮擁擠、摩肩擦踵的情況在帕蓬夜市最為嚴重，人潮多寡無從比較，但走道的確是帕蓬夜市最狹小，乍看之下，走道總是塞滿了人。有一回在Sala Daeng附近的泰式料理亭吃完中餐，發現一條嶄新的街道。這嶄新的街道實在匪夷所思，雙向通車的路面非常寬，以前經過怎麼沒有發現。

　　駐足觀察，當工作人員將路口用行動柵欄給封起來，突然明白，原來這就是晚上燈火通明、人潮擁擠的帕蓬夜市。記憶中總是晚上的熱鬧繁華，所以不識白天是條大馬路的景象。帕蓬夜市滿滿的攤位與人潮，與剛剛把路口封起來的街道，迥異得令人驚奇，夜晚人潮多到滿出來，而剛剛封路口的街道則是空曠無比。從人潮頗多的Sala Daeng區域，突然轉進這個空曠，特別

117

有種鬧市中的安靜。

獨特的夜市生態

　　封起路口的空曠街道，開始有動靜的是一扇藍色大門。面對鐵製的藍色大門開啟，緩緩駛出工地搬運物品的「山貓」，山貓是低檔速非常有力的小車，看起來相當沉的鐵箱，還有金屬的支架與帆布被運出，沿著空曠的馬路定點放置。一會兒，一群群工人開始聚集，他們聊著天，等待山貓將搭設棚架的支架給全部都放置定點。

　　待山貓完成工作，工人們分區搭設棚架。鐵箱內是夜市銷售的商品，到了傍晚，攤位銷售的人會把鐵箱塞到攤位擺放商品的木板下，靠牆與桌面擺放商品、陳設販售。他們並沒有所謂櫃台這種位置，銷售人員都站在走道上。比起桑倫夜市每個攤位是獨立的空間，帕蓬夜市則像是人民公社，當然銷售的人並非組裝棚架的工人，而是另外一批夜市攤商的經營者。

　　這裡工作型態的種類還有更小型的經營，帕蓬夜市穿梭走道賣一些食物給攤位的微型攤販，

他們的攤位推車是媽媽們上街買東西或買菜的菜籃車，車上可能有便當、一包包塑膠袋包起來的菜、沙拉、甜品、椰子水，攤販不方便跑太遠去買東西，所以微型的流動攤販就可以服務他們。當然，穿梭在夜市走道的還有乞者，就算攤商不施捨點什麼，也可仰賴觀光客。

　　用竹篩或木箱捧著商品掛在胸前的，是更微型的攤販。還有賣花的小販，小販賣的花是神龕上擺放用的，一朵朵香花用線穿成，串香花其實很費工。人們也許為了祈福、表示敬意，在到處可見的小神龕前會獻花，或是自家門口也會有人插香祝禱，擺放一些供品，當然買這些花來供養既香又便利。

冥冥中微妙的牽連

　　時間與空間相互依附而存在，帕蓬在夜晚繁華，夜晚也在帕蓬喧囂，夜晚與帕蓬依存著彼此。然而，當夜的最深處，帕蓬夜市又會像轉眼而逝的海市蜃樓，拆卸支解，隱身在藍色大門之後。當晨光照耀，路上奔走的車輛把昨晚的夜聲像塵埃般壓在車輪底下，一切彷彿是不曾發生的夢境。

這裡是泰國知名的風化區,仿品也多。A貨、AA貨的名牌仿品很多。帕蓬的走道很小,所以也請特別留意財物。

一旁Central World百貨的分館,是我非常喜歡逛的地方。太大的百貨公司總店會讓人逛得不知所以,真正要買東西,逛這種小巧的分館,商品已經精選過,反而比較容易鎖定目標。通常讓我可以真正下手買東西的地點,都是在這種百貨公司的分館。

|交通| 空鐵Sala Daeng站。

逛市集
藍色大門
夜晚與帕蓬

這個藍色大門背後究竟養活了多少人呢?我想想,倉儲業者、裝載司機,裝卸工人、攤商、攤商所販售產品的製造者、微型攤販、路邊拉客的人(非攤商,但攤商會給他們抽成)、鄰近的小吃攤、計程車或嘟嘟車,真是不可思議。鄰近的酒吧與夜市分享著客人,一起集市。

來到帕蓬夜市可以在酒吧坐坐,播放運動賽事的酒吧、現場泰拳表演的酒吧,還有Go Go Bar,而夜市仍舊可以買買紀念品。陌生的觀光客與萍水相逢的泰國人就像夜晚與帕蓬的關係一樣,彼此相互依存,關係密切,靠著相對位置以確立彼此在荒蕪虛空中的座標,那無比的意義,超乎我們所能想像。所以,互不相識的我們,彼此之間的關係也是細細瑣瑣編織而成的牽連,只是,我們不一定明白。

121

Siam Paragon與其他

　　小時候跟著大人逛台北的百貨公司，琳瑯滿目的商品，怎麼會有這麼多東西，彷彿可以住進去似的。當然連爬樓梯的力氣都不用，手扶梯與電梯對我這個台東的鄉下人來說，簡直就是一個高科技的產物、懶人們的恩物。而百貨公司也隨著時光的持續變遷而演化，遊歷過美國或中國的百貨商場，在消費族群的分眾上，會發現台北的確已經精緻到某種程度；在商品的多元與世界品牌的齊全度上，已經沒有地域的分野。

取悅人們的感官

　　遊曼谷更是不能不去逛逛百貨公司，就像是大陸觀光客逛台北101大樓一樣，頂著世界第一高的光環，雖然這個頭號撐不了多少年，但它終究是台北市的地標。

第一次造訪Siam Paragon百貨，地下一樓連綿的水塘讓我驚豔。大樓外觀的水牆，用水意與石牆來營造悠閒、浪漫、尊貴的視覺美感。室內碩大的水塘延伸整體水的意象，在維護上卻又與室外水牆具不同的難度，且不論裝置維護的花費，這些室內的空間可都是有進帳的營業面積，需要去計算坪效的，如此大面積的造景難道主事者不覺得浪費？幸而，這明智的決策者想營造氛圍、想吸引族群、想與其他同業拉開競爭差距的，就是在這些看似沒有坪效的花費上。

在光線、動線的安排、空調的使用，這室內水意空間兩旁的高級餐飲或咖啡廳，細膩且全方位地取悅人們的感官，很隱性且低調的奢華，卻十足有力道地在記憶中留下深刻印象。

曼谷百貨公司出招

要說百貨公司的特色，最沒有特色的就是商品，且看各家進駐的品牌，重複性高，去每一家幾乎都可以買到想選購的品牌，在百貨公司的決戰之中，那些看起來不是武器（商品）的招式，往往就決定了這間百貨公司在消費者心目中的排名。曼谷百貨公司常用的幾招：

1.時裝展。一年到頭皆有時裝周，時裝展最佳的地點就是百貨商場內，或是百貨商場外搭設時裝展的帳篷。不但為百貨商場拉抬在時尚界的地位，也連結消費者的印象。

逛市集
Siam Paragon
與其他

通常我就在空鐵Siam站下車囉！暹邏廣場（Siam Square）與Siam Paragon隔條馬路，附近有Siam Center與Discovery Center、MBK馬文空購物中心（近Nationl Stadium站）、Erewan Bangkok（近Chit Lom站）在四面佛旁。走路一下就到了，若還沒決定去逛哪裡，先到Siam站下車就對了！

|交通| 空鐵National Stadium站、Siam站、Chit Lom站，三站相連，是曼谷最知名的百貨購物區。（請參考16頁，曼谷市主要百貨商圈地圖）

2.精心營造大眾空間。像Central World的大廣場、噴水池。像Siam Paragon的室內室外裝置。其規格與規模就像是公園一般的公共建設，非常無私的提供給大眾使用，那些公共空間的坐椅一點也不吝嗇，即使沒有在賣場消費，同樣可以參觀享受這些空間。

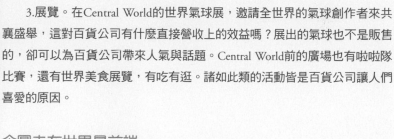

逛市集
Siam Paragon
與其他

3.展覽。在Central World的世界氣球展，邀請全世界的氣球創作者來共襄盛舉，這對百貨公司有什麼直接營收上的效益嗎？展出的氣球也不是販售的，卻可以為百貨公司帶來人氣與話題。Central World前的廣場也有啦啦隊比賽，還有世界美食展覽，有吃有逛。諸如此類的活動皆是百貨公司讓人們喜愛的原因。

企圖走在世界最前端

逛過不少曼谷的百貨公司，而我最喜歡的便是Siam Paragon。位於Siam Paragon內，其中日系雜貨品牌「Loft」與曼谷當地的「Q conception」是喜愛雜貨者必去的商店，其質與量皆佳，這兩家店的商品單出一本專書介紹都不為過。逛Siam Paragon可逛可歇，一個下午逛下來都不會覺得疲累。Siam Paragon的世界名牌精品，各品牌都是獨立的店面與裝置，而且非常整齊的都來到這裡排排站。Siam Paragon的光環照耀它們，它們也為百貨龍頭站台。

曼谷有非常多的觀光人潮，除了量之外，也有世界頂級的觀光客，一流的消費力。原來的Central World還有最時尚的酒吧與飯店（這不就是我從小的夢想，住在百貨公司裡面），在紅衫軍的事件後，正在翻修重建。這塊百貨群在時尚與潮流的訊息接收上，總是走在世界最前端，這回Central World的改建，必定也要吸引全世界的目光，讓人驚豔！

看
文
化

Bangkok, shopping Heaven of hand-made crafts

國王的心事

　　2010年西班牙與荷蘭的世界盃足球冠軍大戰，有一個報導的角度是關於皇室。西班牙與荷蘭這兩個國家在全球民主的潮流中，仍保持著皇室的傳統。在童話故事中的王子與公主，是真實存在於這兩個國家。附帶的相關報導，關於全球皇室的資產一覽表，第一名是誰呢？竟是泰國的國王蒲美蓬。我以為是最知名日不落的英國皇室，報導的卻是英女皇在國際場合穿舊衣、英國皇室縮衣節食、財務危機的消息。我心想，那怎麼可能？仔細閱讀這則八卦，報導中修改的舊衣價值，卻仍是超過尋常百姓一輩子買衣服的總額。

受人民愛戴的泰皇

　　在政變與政爭是家常便飯的泰國，年事已高的泰皇蒲美蓬，目前大都待在醫院療養，不過問政事，政事自有總理與各級首長官員們負責。泰皇的眷屬們多從事慈善事業，所以即使是虛位元首，皇室仍受到高度的敬重。除了

皇后與公主從事慈善事業之外，即將接位的皇儲皇子也有自己的事業經營著。泰皇蒲美蓬努力地把皇室親族在政治上的實權削弱，還政治實權於民，政爭除非到萬不得已，否則他不會出面調解，這麼做也是在避免皇權再度擴張。

　　有時，我看著人民仰望著泰皇出面解決一些政治的紛亂，但泰皇似乎要硬逼著人民自己摸索出一條民主的運作方式，畢竟過度仰賴單一的君主權威，若是主事者不夠睿智、心地不夠慈善，是會釀成大災難的。所以，泰國目前雖是君主立憲，但傳統勢力的把持與普遍民主教育還沒臻善，泰皇仍是泰國人民最重要的精神支持，他的確有其慈愛泰國人民未來的憂慮。

　　西方已開發國家的國民教育比較普及，民主運作相較成熟，君主世襲與民主選舉的並行運作已進入軌道，但對於開發

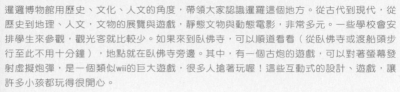

看文化
國王的
心事

中國家的泰國，顯然仍是吃力的。皇室不只泰皇，還有家族與保皇黨的勢力，若要真正民主，還是得慢慢地用懷柔的方式。倘若利用軍事與政爭去擁戴另一個政治強人，只是對立，或是暫時依賴另一個類似君主的極權，我猜想，這並不是泰皇蒲美蓬放手政治實權的真正用心。

不管「國王與安娜」的電影再怎麼拍，從西方的角度看泰國皇室較難為泰國人所接受，其中有很多說不出的文化情感。泰國人自發性地為泰皇的健康齋戒，只要泰皇的命令，即使彼此敵對的政黨也莫敢不從，而飄洋過海、結縭在台灣的泰國人，家中仍供著泰皇的照片，那裡有我無法理解、深深的依戀在泰皇與他的人民之間。

皇家麥當勞，王子倪安東

一個朋友哼哼唱唱盲人歌手蕭煌奇的曲子：「你是我的眼……」我用很嚴肅的表情看著他：「你知道這首歌是不能唱的。」我的表情有肅穆、有驚恐、有威脅、有勸誡。朋友狐疑緊張地問：「為什麼？因為唱自己眼睛看不到會帶來不幸嗎？」我正經嚴肅地說：「倪安東在『超級星光大道』唱過這首歌，我希望你可以不要玷汙倪安東唱過的歌。」朋友說：「去你的──」於是，我被飛踢了一腳。

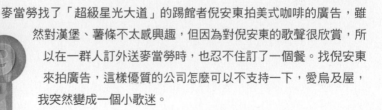

麥當勞找了「超級星光大道」的踢館者倪安東拍美式咖啡的廣告，雖然對漢堡、薯條不太感興趣，但因為對倪安東的歌聲很欣賞，所以在一群人訂外送麥當勞時，也忍不住訂了一個餐。找倪安東來拍廣告，這樣優質的公司怎麼可以不支持一下，愛烏及屋，我突然變成一個小歌迷。

137

一家國際速食連鎖公司的靈活與彈性真是驚人，倪安東只不過上了幾次歌唱節目，雖然本身外表與歌唱實力不錯，但名聲與曝光只有該節目及網路影音的點選，知名度要搭上國際公司的麥當勞絕對不夠資格，倪安東再怎麼成功也都是屬於還沒發生的未來式。廣告代言找上門時，根本都還沒發行個人專輯，在歌唱節目唱過幾首歌，只沾到一點演藝圈的邊，我只能再次大大地讚揚麥當勞的眼光精準，也為他們的彈性與靈活所折服。畢竟，「超級星光大道」的收視率，倪安東在歌唱比賽唱壓軸，那些宣傳效益都會累加到廣告的新聞效益中。且出生在美國的中美混血特質，與前一代的ABC廣告代言人王力宏比起來，在廣告代言中想傳達的隱形品牌屬性，倪安東是不遜色的。

走入不同國家，適應不同民情

　　麥當勞在世界各地皆有地方特色，在印度、印尼皆配合民情的宗教戒條，調整了菜單。曼谷的麥當勞大且美，西方觀光客熟悉的速食，因為環境不同，人事、物料、店面的成本結構不同，將麥當勞原鄉美國與曼谷相比，如果以飯店的星級來分等級，著實差了好幾個星級。重點是，以匯率計算所花的錢是相當的，用餐環境卻天差地遠。

　　以在四面佛旁的麥當勞為例，敞亮的空間，天花板幾何造型室內裝潢的木作，間接照明的投射，在玻璃牆旁的時尚沙發座位區塊，整個空間很有一種姿態。為了咖啡館的塑造形象，還會拉出一個更精緻的櫃台──「McDonald's Café」，特別提供顧客點咖啡、茶飲、糕點。

　　美國的麥當勞就像我們路邊的小吃攤，隨處可見，很多都附車道取餐的服務，走便利親民的路線；曼谷的麥當勞卻像是意圖取悅米其林密探般的努力裝潢（台灣沒有米其林餐廳，差不多像星巴克

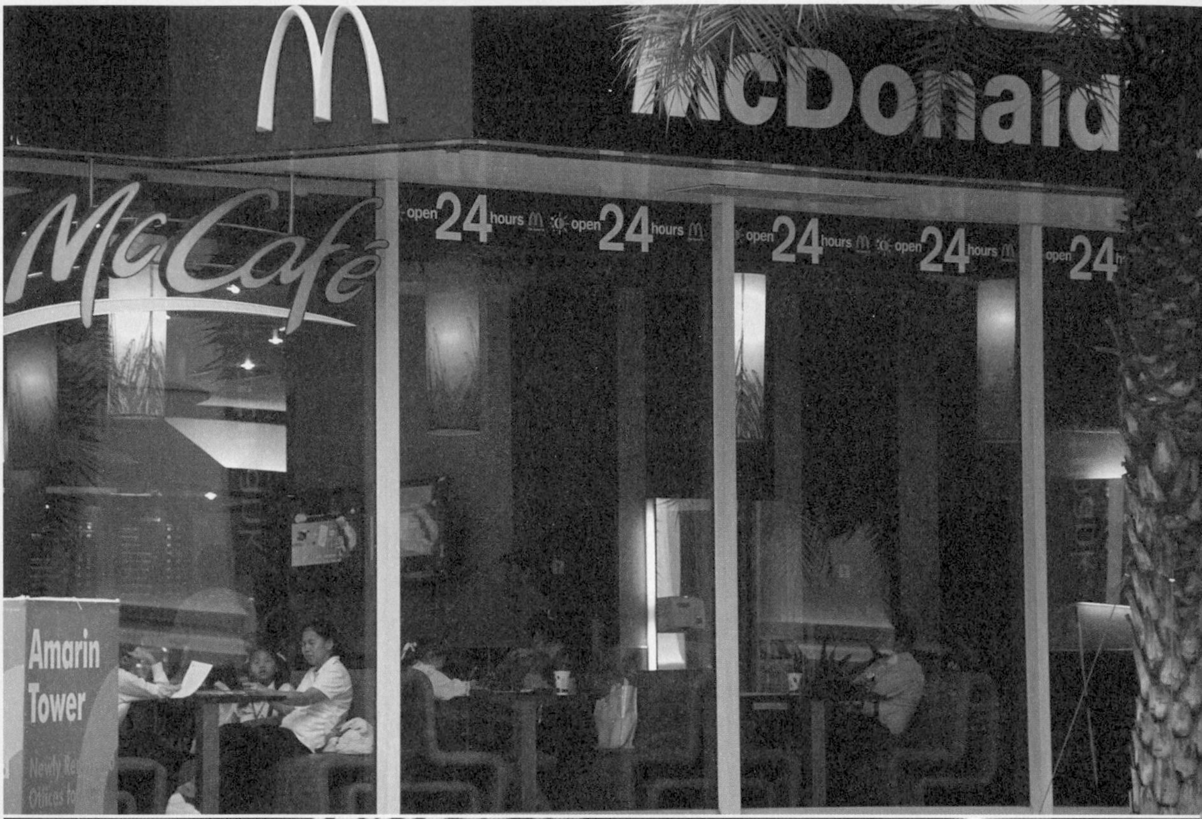
McDonald
McCafé
open 24 hours
Amarin Tower

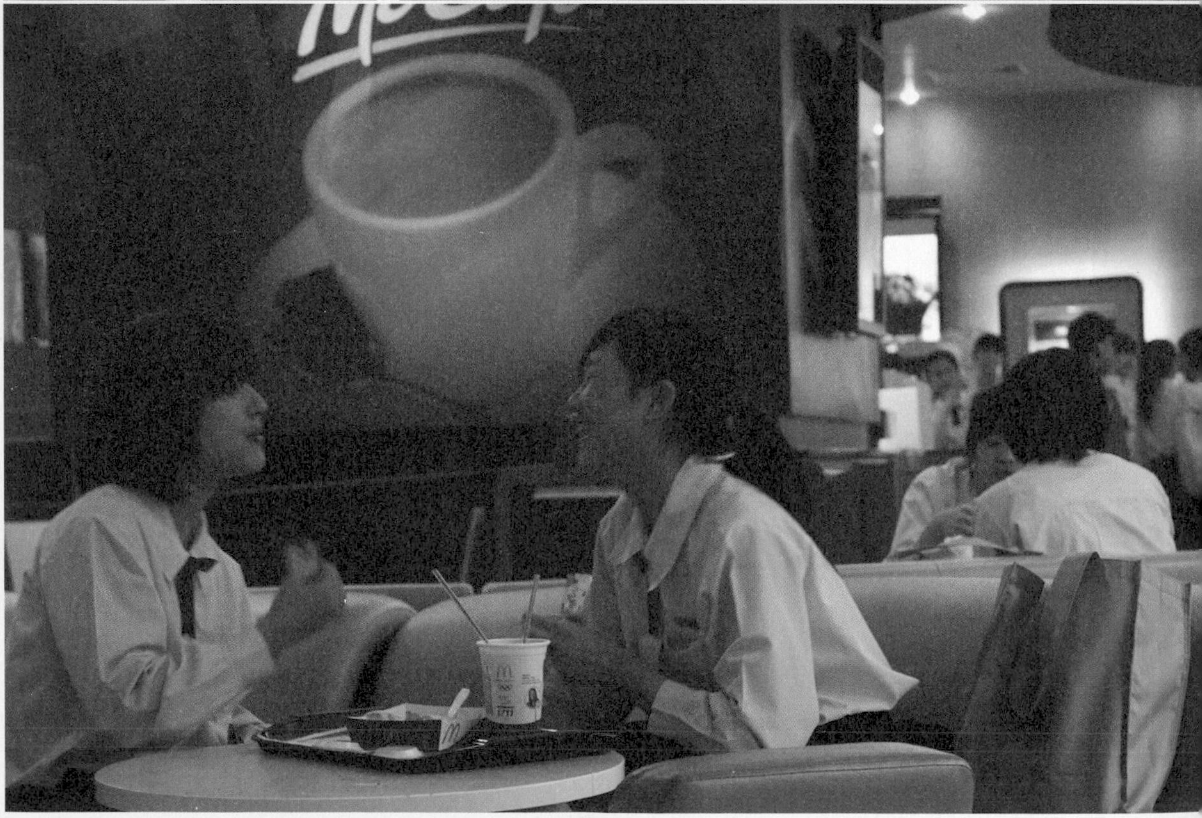

麥當勞小花絮

麥當勞有簡易的,像美國一些鄉間的小巧麥當勞;也有奢華的,如曼谷裝潢精緻者。大學時去一個同學的宿舍,看到整排麥當勞玩具,原來真的有人以收集麥當勞玩具為嗜好,如果他去到曼谷,真不知是去到天堂,還是地獄。

來到曼谷,眼前一整個架子的麥當勞玩具,原要等一個小女孩挑完,拍一張全覽圖。哪知小女孩整個呆在架子前許久,她也許迷惑得不知怎麼挑選了。照片攝於在Erewan Bangkok旁的麥當勞。空鐵Chit Lom站。

一樣弄得很有氣氛吧)。屬於同一個國際集團,美國的麥當勞咖啡獲得好評,行銷重點回歸到取餐快速方便、餐飲食物本身;曼谷的麥當勞走高格調,大打慈善捐款的廣告。人人都說曼谷是消費的天堂,如果單以麥當勞的消費,食物沒有太大的差異,消費者付出的金額沒有太大差異,但消費者在空間環境的享受上,地域表現的差別就很明顯。

　　麥當勞靈活地走入不同國家,適應不同民情,採用不同的行銷策略,植入不一樣的消費訊息給消費者,光是台灣的麥當勞,在不同的時間點上,每年都有不同的廣告行銷策略,而他們相似度極高的產品——漢堡、薯條,卻努力塑造差異度高的產品、品牌形象。

偶像是倪安東,還是麥當勞?

　　倪安東的高竿在於,他明明唱走音,卻讓人覺得那是一個極為精采的深情高潮;麥當勞的高竿在於,明明知道找明星來拍廣告,成本都轉嫁給消費者,消費者卻還是很樂意買單。

　　我實在沒有那麼愛吃西式漢堡、薯條,若是被朋友看到我讚美麥當勞,恐怕他們會以為是倪安東的關係(雖是實情),而飛踢我一腳。為了避嫌,我還是閉嘴,不再稱讚麥當勞的行銷在地化有多麼成功。不過,我想讓自己去麥當勞喝一杯美式咖啡,作為我支持偶像低調且誠意的表現。

The variety life of Bangkok Citizen

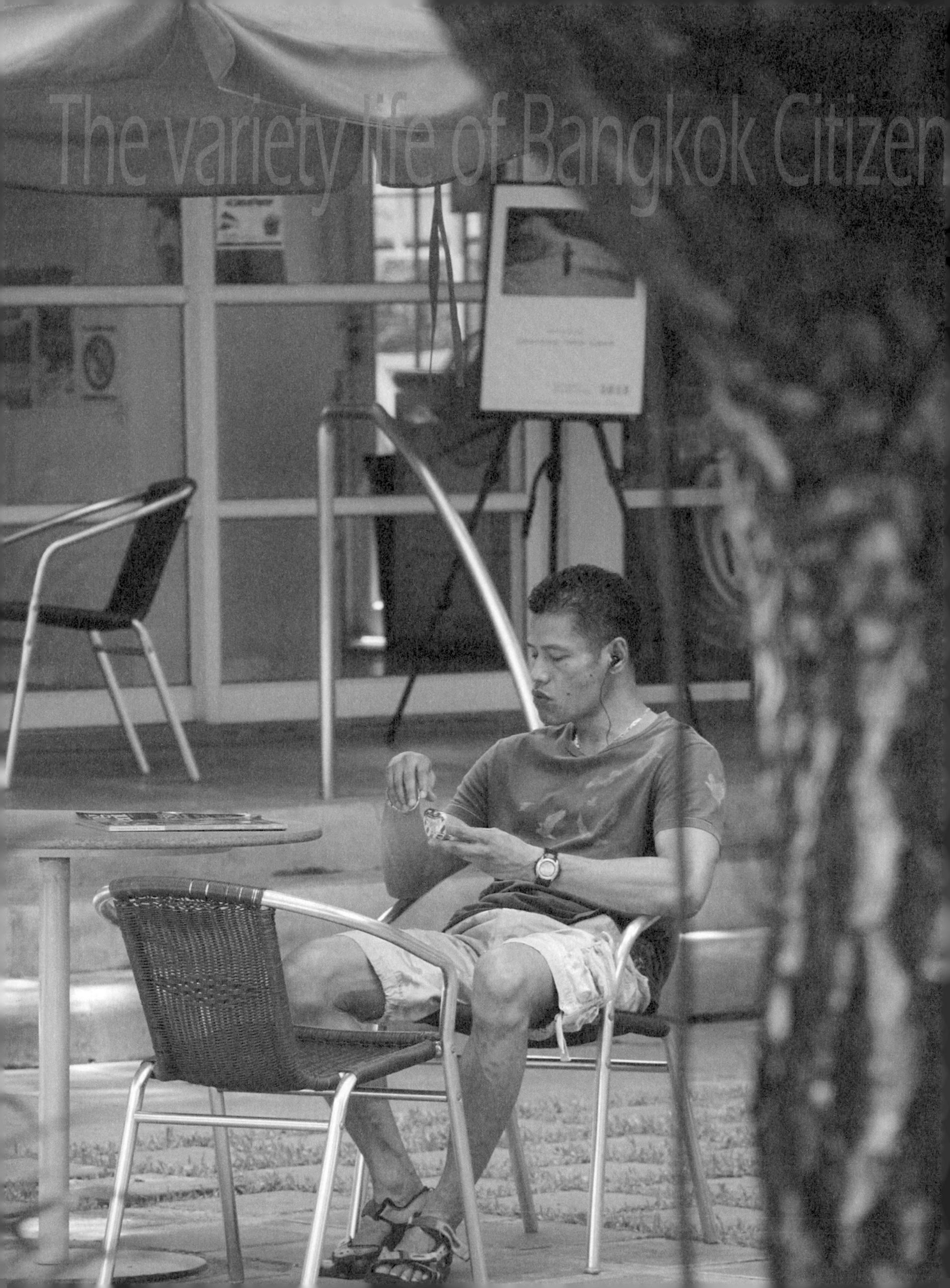

曼谷小市民的富生活

在美國當交換學生的時候,認識一個非常有自己主見和想法的華裔法國同校同學——妮娜(Nina)。對妮娜印象最深的是,她有一些非常「特別」的想法,例如:妮娜說美國人是全世界最笨的(她的標準是什麼?跟法國人比嗎?);還有,她覺得在美國生活如果沒有錢萬萬不能,不像在法國即使沒有錢,也能過得很優雅,很多公共建設如博物館、美術館都是免費,所以她寧願在法國當乞丐,也不要住在美國。

妮娜跟著爸媽住在巴黎,我印象中的巴黎消費水平高得要命,短期旅遊觀光還可以,要是長住巴黎恐怕大不易。但妮娜堅持的是公共建設與人文素養,關於這一點,全然不是我的經驗範疇,沒有足夠的認知與立場跟她討論,只能單純地當她在抒發對美國人的想法。

很是英式風格的圖書館

台灣也有一些公共建設如公共圖書館還滿普及的,相當多人利用。有一次介紹一個朋友看心靈工坊出版的《有求必應——22個吸引力法則》,她

說，好，會去圖書館找找看。當時我愣了一下，才想到，對喔！圖書館可以借書，不只是學生用來K書、準備考試，退休老先生看報紙的地方。但那本書是需要看很多遍的，可以看一輩子，我還是建議她買一本帶著比較好。

　　有一次在曼谷經過一個雅致庭院，一幢小白屋看起來就是間咖啡館或藝廊，在庭院的另一端是一幢看起來像學院、教堂的建築。先是穿過庭院，證實原來小白屋竟真是一間畫廊咖啡館，展出新銳畫家的畫作與新銳攝影師的攝影作品（為什麼是新銳呢？因為知名的畫家與攝影師哪會到這裡展覽），也賣著咖啡。當然，我不免俗地點了杯咖啡，享受起來。

　　原來那個庭院深深的深處，那扇挑高老舊大門的所在處，竟是一個對一般民眾開放的圖書館，而小白屋藝廊咖啡館是附設的。這個私人的非營利圖書館很是牛津、劍橋之類的學院才有的模樣，是英國人所經營，簡介上寫著委託大英俱樂部經營，館內還設有紀念自己小孩的區塊，藏有圖書館主人的小孩從小到大的書籍，照片中的孩子卻已青年早逝，愛書成癖的父母碩大的私人藏書，一大空間的童書都是對孩子的想念。我在咖啡館喝咖啡休息，看了半天，比起熱鬧的咖啡館，沒人進出的圖書館顯得冷清，不像我們的社教館、圖書館，永遠都是準備考試的人。

百貨公司內的免費看雜誌區

　　不過，可別以為曼谷就沒有什麼特殊的公共建設、市民空間。首先，百貨公司的室內寬敞，絕對是寬敞到一個不行。裡面不是讓你推手推車這樣而已，在Siam Paragon或Central World是開著小車載客人移動，但泰國的大型百貨又與美國的購物中心（Mall）不一樣。像明尼蘇達州的The Mall of America也是巨大，商場中還是史努比遊樂園、摩天輪、雲霄飛車都不缺，但比起曼谷的百貨公司，整體來說，泰國的百貨公司空間大卻十分細膩，櫥窗設計與室內裝潢處處是細節，例如

看文化
曼谷小市民的
富生活

Siam Paragon室內空間的巨型水池，整理清潔、更換植栽都十分繁瑣。這大概也有國民所得上的原因。泰國的國民所得並不高，所以可以用大量人力來維持一個細節較多的賣場。

　　當然百貨公司是私人產業，人人皆可來吹冷氣。但如果你想看最新的、比較小眾的，或是消費性的時尚雜誌，在台灣很多人會站在誠品書店的雜誌區閱讀，在曼谷你卻可以到雜誌公會設立的免費雜誌區，他們承租Siam Paragon百貨的一個開放空間，讓人隨意看，也有桌椅可以使用，讓你舒服地坐在百貨公司看雜誌。反正，就這樣吧！買不起，或是捨不得買的人也挺多的，就花錢租個位置，讓大家都可以來這裡看免費雜誌。而泰國當地雜誌的流行訊息或深入報導，便這樣提供給民眾（但也有可能，Siam Paragon出場地，免費讓泰國的雜誌公會使用）。

泰國創意設計中心

　　如果你想看世界各國最新的時尚雜誌，這時就得到泰國創意設計中心TCDC了。TCDC這裡收集了世界各國關於設計方面的資料，建築、美術、藝術、時裝各方面的書，以及影音、材料

庫,儼然是為了泰國的設計人而創設的豐富資料庫。例如,今天想設計一個關於鳥的圖案,便可以在這裡的圖書館把全世界的鳥圖騰找出來,或是最新機能型的布料樣品、新功能會呼吸的壁磚,此處有非常新的樣品材料庫。

　　TCDC前段的雜誌區,有著全世界最新的時裝雜誌或出版品,專業的人看衣服,不專業的人像我就會窩在這裡看Model,刊物封面上有寫著巴黎、米蘭的英文字樣。在台灣這些原文時裝雜誌都很貴,只有專門經營外文圖書如敦煌之類的書店才比較會進貨,全球的印刷量不大,一本超過2,000台幣都很平常,常常是遠觀而不敢褻玩焉地經過這些貴族出版品,但對於一些在這個領域進修的學生或設計師而言,便很需要這類資訊。創意設計中心裡的圖書館與雜誌區,的確是提供不少幫助,讓人收集資料方便多了。

　　TCDC匯集了全球的設計資訊,供泰國設計人來擷取。而且,這個TCDC竟然也設立在市中心空鐵旁的百貨公司裡,交通非常方便。你可以想像,台灣的創意設計資料庫在東區Sogo百貨樓上,而不是位在汐止、南港之類的地方嗎?

泰國創意設計中心逛街檔案

可以上午去逛TCDC，看個展覽、參觀圖書館，中午在百貨公司吃頓簡餐，然後去路邊的按摩店，做個肩頸與腳底各30分鐘的按摩，接著打個小盹後，便到Emporium逛街買東西。

|交通| 泰國創意設計中心TCDC，位於空鐵Phrom Phong站，Emporium百貨公司樓上。小市民最愛的倫披尼公園可以在地鐵Lumphini Park站或Silom站下車，空鐵Sala Daeng站也可以到。

關於妮娜

　　我跟妮娜初次碰面是在飛機上，她生氣空服員送餐到她的座位時，餐點已經沒得選，日式涼麵沒有了，只有飯類。因為她是華裔法國人，看起來就是華人的外表，她說這名空服員種族歧視，不讓她選擇涼麵，她要西北航空的空服員自己想辦法，她不屈就吃飯。空服員走開。然後她跟我說，這名空服員一定會想辦法生出涼麵來，應該是去商務艙拿吧！果然，被她料中，原來已經發完的涼麵，竟然又有了。妮娜的個性與我們的逆來順受很不相同，是讓人印象很深刻的華裔法國女生。

不花錢也能學跳有氧舞蹈

　　想要不花錢，卻能每天跟當紅有氧舞蹈老師學跳有氧嗎？有天下午經過公園，我就看到這個景象。幾百個人自己帶著軟墊，面對一個很遙遠的老師一起跳舞。由於地方大，因此擴音器的效果沒有很好，然而在黃昏的公園裡，揮汗如雨的人們跳得可開心了。當然，像加州健身俱樂部或世界健身俱樂部這類的地方也是有的，收費應該跟台灣差不多。而公園裡的健身房也有器材提供免費使用，公園游泳池收費15泰銖。這個公園之前還是紅衫軍的占領地盤呢！倘若沒有了這個公園，許多習慣來運動的人，可真會悶壞呢！

　　在小白屋喝著咖啡，這時，我想起了妮娜所說的巴黎人。我沒去過巴黎，不知道妮娜所說的巴黎人是怎麼讓乞丐也可以很富足。是不是就像在曼谷，如果懂得使用一些資源，便可以看全世界最新的時尚雜誌、看藝術電影（TCDC有電影資料庫），還可以跟當紅的有氧老師練有氧舞蹈，很精省地在過日子，而且精神富足。我沒有機會問妮娜，因為我的交換學生學期結束後，就與妮娜失聯了。

　　妮娜念關於核能的科系，好像法國沒有這個科系的研究所，所以她爹當初才讓她去美國念研究所。如果畢業，她恐怕是沒有辦法回巴黎工作，因為她說巴黎沒有核能電廠。她現在是在美國的核電廠工作呢？還是回法國當乞丐？從同學處最新得到的消息是，她在台灣幫一個法商工作，才上班三個月就跟法國老闆要了一個月的假，回法國去玩了（法國人可以這樣玩？）。還是法國合她的口味，傳聞也合於妮娜的性格，對於這個結果我完全不感到意外。

  被遺忘的時光

　　常旅行的人，不知道有沒有發現，世界各大城中的中國城（China Town）會留著早期的東西，例如童玩、食器、用具、食物、民俗習慣。農曆新年走一趟中國城，比起台北更有歡喜迎新年的況味。而遊人如織的觀光地區，時常聽到的都是經典歌曲，最流行的曲子當然也是有，只是比例上，經典、容易引起共鳴的曲子較常在這些華人移民聚集的地域聽見。

　　考山路在中國城旁，多少沾染一些中國城該有的特色。在考山路的酒吧聽見席琳迪翁的Time will go on，這是電影「阿凡達」的導演柯麥隆，十二年前創下影史多項紀錄的「鐵達尼號」主題曲，諸如此類的英文經典曲子不時聽見。「華語流行歌」也是有的，在變裝秀中聽到葉倩文「瀟灑走一

回」之類，乍聽之下，陌生卻又熟悉，頗有耳目一新的樂趣。物極必反，當流行退去到了極致變成復古，又是一個新的生命。當年這些全球暢銷的西洋專輯、華人地區普遍傳唱的華語專輯，也許在現

代化的台北已經不易尋得，卻在曼谷的中國城幽幽唱著。

不分季節都是遊玩天

　　旅行中，少了家中諸多勾引、誘惑——使人晚睡的書籍、DVD、電視劇，我會比平日更早睡，更早起床。平時生活常常忽略的早餐，在曼谷卻不容錯過，現煮咖啡與現烤吐司，不用自己動手就會自動送到桌前，哪能不貪圖這等便宜事，感恩哪！雖然，平價飯店的早餐極為簡單，但一方乾淨的餐桌、一杯水與咖啡，讓人靜靜地攤開一頁書冊閱讀，不用趕著上工去，這是多大的享受啊！

　　下雨有時令遊客煩惱，東南亞屬於熱帶氣候，午後雷陣雨不時發生，不一定哪個季節。趕行程的旅人，往往有種時間上的迫切，固定的時間內總希望多遊歷一些地方。下起雨，行程往往受到阻礙，冒雨而行弄溼了鞋襪、褲管最是不舒服。然而，在午後雷陣雨的曼谷，可以名正言順地窩在咖啡館裡看雜誌，哪兒也不去。雷雨的時間大多不長，身體窩懶了、乏了，雨也停了，倒是可以換個地方走走逛逛。順著天氣來作息，雨天不僅洗淨了都市的空氣，還換來一個氣息潔淨的夜晚，好處其實很多呢！

　　夏天到曼谷，因為購物中心實在巨大，荷葉池不分寒暑鮮綠，賞荷又避暑。冬天到曼谷，曬乾在台北東北季風的陰雨溼冷。雖說東南亞是涼季、乾季、雨季的分野，但對於觀光客來說，我們並沒有真正體會當地的季節區別。因為把旅程當作是一個休閒的時間，在心態的自在上，這些

「被遺忘的時光」採購建議

中國城當然可以走走，但華人比例高的曼谷，處處都是華人移民的痕跡，倒不一定要去中
國城。拜訪考山路時，在附近繞一下就能抵達中國城，觸目便是好些個棺材店，一具具擺
在門口，不知道是否有什麼禁忌，貪著拍照的我也忍住不打開相機。
華人移民的見證，常是日常生活的小東西，現在卻只遺留在海外的華人世界。例如，藥房
的虎標萬金油、薄荷涼膏。因為老是跑曼谷，我經常接到這樣的請求，幫忙買銀色管子的
提神薄荷涼膏，還有泰國辣椒膏、治療酸痛的藥膏。在臥佛寺附近，有許多日常生活的草
藥，有些只是喉糖之類。我對「治療」有種喜愛，所以在老城與臥佛寺附近買了按摩圖解
的海報、草藥喉糖之類的小東西。

Q conception逛街檔案

這是位於百貨公司樓層的概念店，全館的商品都很有設計感，且來自全世界唷！義大利的
家具、上海的菸盒，很值得一逛。商品的種類非常多，基本美感與設計感都是挑選過的。
例如，老中國的菸盒或容器，雖然同樣都是老商品的復古製作，但這裡的封面圖案與材質
使用都比較好，逛累了，還可以在店旁的星巴克喝杯咖啡，稍事休息。

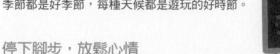

季節都是好季節，每種天候都是遊玩的好時節。

停下腳步，放鬆心情

曼谷是國際上非常受歡迎的觀光城市，平價的背包客自助旅行、學生
的畢業團體旅行，還是奢華的五星級飯店住宿與SPA，曼谷皆能滿足各種需
求。高價奢華的旅行最為國際化，在建築物的設計、創意構想、整體的思潮
皆走在時代最前端。如國際間受矚目的SPA手法——印度的阿輸吠陀養生概
念，在國際出版界、娛樂界、建築設計等行業為最發燒的主題，只要花得起
錢，業者就會為你匯集這些相關元素，讓旅行中的身心感受異於平日生活的
感官，活化因庶務產生的疲乏。

有時身心的倦怠，其實只是需要讓五官轉換一些不同的感受，喚起覺
知。沒有五顆星的財力走一趟盛名的觀光區，卻可悠遊於中國城緩慢流動的
時光，那些老玩藝其實也能洗滌俗務的疲憊，帶你走一趟舊日的時空之旅。
中國城保有著一段被遺忘的時光，讓人足以跳出原有的軌道，在被遺忘的時
光中，停下腳步，於是水清了、心也靜了。

Order, or Chaos ?

混亂的秩序

　　不是春暖的人間四月天，就是秋高氣爽的光輝十月，我來曼谷的時間通常都選在BIG&BIH禮品展的期間——4月與10月下旬，用工作之名來行偷閒之實。說這是自欺欺人並不為過，因為春天與秋天是小藝品店的旺季，把店給唱空城，大門深鎖，理由是參觀禮品展，順便把訂購的商品帶回台灣，這其實並不是明智的如意算盤。但幸好，從來都沒有把錢算得很清楚，帶回台灣的禮品展樣品與人分享的樂趣、無形的友誼，實際上超過有形的收入。

交通號誌僅供參考

　　每次初到曼谷的時候，即使氣候溫溼度與台北差不多，也會有小小的適應期。我喜歡用步行的方式觀察一個城市，旅行的時候，我會花很多時間在走路、閒逛。以步行來說，通常我走路的速度比曼谷人快，剛下飛機的一兩天，我常在路上不時超越其他路人。

　　如果沒有什麼特別的目的地，亂走著，通常是往星巴克或空鐵站的方向。每天的速度會越來越慢，第一天10分鐘的腳程，第三天同樣的路已經走成30分鐘，同樣目的地卻不同路線。到了路口，給行人的紅燈亮起，本來只有我一個人停下腳步，所有人仍繼續前進。後來，我也習慣紅綠燈僅供參考，留意不要被車撞就好，馬路上的車子與行人，闖或不闖紅燈，走或停，彼此都有一種超越交通號誌的默契。

　　很奇妙的是，以為路權被侵犯，嘟嘟、計程車都沒有按喇叭。我疑惑著，行人、嘟嘟、計程車闖紅燈，或者被搶道，怎麼沒有殺氣與怒氣。而我並不是不守交通規則，有些路口只有斑馬線，而沒有號誌。如果不進入曼谷人的邏輯、熟悉曼谷人的默契來通行，也許要等到半夜馬路淨空才過得了，若僅是定定地站在路旁，奔馳於路上的司機們並不會確定你是要過馬路、招車，還是只是發呆。

　　是曼谷的汽車喇叭壞了嗎？基本上我認為台灣人比較遵守交通規則。我們遵守著交通規則，卻在遵守的同時，鑽著可能的漏洞，在黃燈時加速，紅燈還沒轉綠時便急著、搶著踩油門。機車在車陣中鑽，汽車彼此搶道，一不小心，火氣就上來了，更不用說發生交通事故的時候，此起彼落的喇叭聲，還得加上喧囂的叫罵，總是要爭個對錯，氣勢不能輸什麼的！

　　而曼谷人不遵守交通規則很正常，他們不需要在黃燈時加速通過，紅燈一樣照著自己的速度

過，沒有會對撞的來車，不疾不徐，從容自在。當然，交通事故也不會少，車輛擦撞什麼的，馬路上處理的氣氛也與台灣不太相同，少了那種殺閥之氣。反正大家都不遵守交通規則，都有錯。

高度的文化包容力

曼谷人隱藏著的秩序是什麼？看似無厘頭，卻又有著自己的邏輯；看似忙亂無頭緒，卻又有著自己的軌道、方式。文化的養成，其生活的慣性最容易看出根柢。泰國受到印度佛教思想的薰陶，甚至在發源的印度，當古老典籍、古老語言都失傳的時候，泰國皇室所慣用的雅語，尚留存著許多當時巴利文的詞彙，階級制度下的溫馴臣服也遺留著，即使泰國表面上除了皇室之外，並沒有太清楚的其他階層劃分，但實際上在我眼中，階層卻像魚游在不同的水域，深海魚在深海覓食，沿海礁岩區自有小丑魚和珊瑚共生，生活在不同領域人們各自在自己的領域過著日子。

泰國在國際選美上是有名的常勝軍。即使美貌可以說是見人見智，或是每個時代皆有其對美

的不同定義與標準，但宇宙間統一的美感仍是清楚地存在著。泰國人種的複雜，文化包容性相當高，外來人口的定居頗多，許多歐亞聯親的下一代，既擁有西方人深邃的輪廓，又擁有東方細膩的五官，有時在路上偶見，是非常令人驚豔。

　　一次在Siam Paragon遇見一群模特兒，百貨公司正舉辦時尚周，晚上也許要上伸展台走秀才會聚集，他們大多有國際性的混血臉孔與身高，那種群聚的、無意識的意識別人目光聚焦在他們身上，形成一股很強大的心理能量。原來低頭看著雜誌的我，四周突然安靜了一些，發生了什麼？竟然不由自主地抬頭望著這一群大家都在行注目禮的模特兒，我眼睛都沒有掃到就知道哪邊是目光的焦點。

　　在傳統的階層劃分中，社會地位的區隔，通常也連帶著經濟地位的劃分，而經濟地位也影響著受教育的機會。在曼谷，外表皮相階級，因為人種的差別，外相也有清楚的階級與族群，在泰國的演藝圈有偏鄉土的長相，也有非常國際性的混血臉孔。長相影響著工作機會，也就是經濟地

位。社經階層、貧富差距、外表的落差，級距清楚差異，每種階級卻又安於自己的身分，在那個族群中生活著，不動盪。

國民快樂力勝於生產毛額

《商業周刊》曾經報導不丹國的快樂力，引起人們對不丹的好奇，之後梁朝偉與劉嘉玲的婚禮再次為不丹的神祕添上一筆。不丹國以特有的姿態，不刻意的敞開國門接納觀光收入，強調著國民快樂力勝於國民生產毛額，其實在某種程度上，泰皇是先趨。我還記得《商業周刊》這樣寫著，不丹人只要國王，不要民主。泰國人民愛戴泰皇，也遠勝於檯面上所有的政治人物。

看文化
混亂的
秩序

全世界的民主潮流中，為了世代的安穩，不至於因為皇室傳承問題而影響民生，就像不丹國王曾經欲推行民主一樣，希望長治久安的安穩，可以在他之後依然延續。泰皇於更早即釋出政治的實權，推行民主，轉而致力於慈善事業，虛其皇權甘心做一個精神領袖。1999年10月在泰國期間，不時看到黃色的齋戒小旗，原來泰皇年邁住院，即使沒有實權，人民仍全國性的發起齋戒活動，祈禱泰皇早日康復出院，令人感動。

曼谷四處可見的神龕，路人經過時，都會合掌禮敬，甚至有些人會脫下鞋再合掌敬拜，以示虔誠。傳統佛教並沒有神明崇拜這部分，但在信仰的演進上，每個地方都結合了多神信仰。從另一個角度來看虔誠的多神信仰，積極面是，每次禮敬都在提醒自己的謙卑、對未知的敬畏；消極面是，虔誠的禮敬至少可以讓人免於愚蠢的自大與無知的驕傲。

奇特的亂中有序

寬敞舒適的Central World百貨賣場，Siam Paragon巨大的室內水塘荷葉鮮綠，對室內的溫溼度是極佳的空調。50公尺不到的路旁，20泰銖的現剖椰子汁；10泰銖的炸物小攤，只用個小鋁鍋就做起生意；5泰銖串燒的小販起個炭爐，就有市井小民的營生。混亂的街頭，存在著某種秩序。

我並不刻意歌頌階級，或是鼓勵階級跨越，我們都沒有那麼大的智慧去評議每個生靈在他們際遇中的處境。只是那謙卑善待的心，從皇室出發的美與善、釋出的實權，卻更堅定人民的愛戴，那尊貴的氣度，其實就是大地的智慧，誰都要臣服。而傳統的信仰，即使在世界化的衝擊之

四面佛參訪資訊

四面佛源於印度的多神教系統，又名大梵天王。多神教與佛教的結合，在泰國的佛教徒也是敬拜天神的。四面佛的四張臉代表著慈、悲、喜、捨，向每一面許願，則保佑著家庭、事業、愛情、財富。許願後，若願望應許，可以僱請神壇旁的樂師與舞者演出幫你還願，規模二至八人不等，價格也不同。當然，還願的重點是感恩的心、願意回饋的心，依自己的能力還願即可。

|交通| 空鐵Siam或Chit Lom站，步行5～10分鐘皆可達。

Erawan百貨逛街檔案

臨著四面佛的名品百貨，以世界級的名牌為主的百貨公司。雖然規模比不上Siam Paragon或Central World，但緊鄰人潮頗多的四面佛。初到那天，在四面佛旁的高架上，看見樓高三層的對外櫥窗兩個人影，相機望遠一看，應是清潔服務人員窩在那裡休息，偶有對話。夢幻般的世界名牌，襯著真實的底層工作者，實在是太超現實了。

|交通| 空鐵Siam或Chit Lom站，步行5～10分鐘皆可達。

下，仍在某種程度穩定著人民的心理狀態。

10月的泰國與台北很像，從下雨的台北飛到曼谷，地面仍溼漉漉，以為可以不用帶傘出遊，迎接一個清爽的季節，結果還是走入便利商店挑了一把折疊傘預備著。但每日短暫的雷雨，並沒有帶來太多不便，卻為都市洗淨了空氣。

我在四面佛前祈禱，沒有真的祈求什麼，只是專注在呼吸上，讓自己安靜下來。閉上眼睛，四周的聲音越來越明白，卻不干擾我。眼皮越來越透亮，睜眼一看，下過雨的陰天，原來的烏雲已經完全散開，碧空如洗。此刻，我即使面對經濟勢力比較弱的國家，也能夠不升起傲慢的心，亦沒有過度氾濫的同情。來到曼谷街頭，這番與世界更真實的連結、混亂中的秩序，對我來說，確實是一項很奇妙的體會。

SUPER
RIO

2 ___ HOT

Super Mario

ตัวผมเองเสียง จังหวะ และทางการที่ผู้นเคย เราก็รับ...
ยังเป็นอีกสาวคนเดิม เสียงดนตรีทางคนไม่ได้พูดของเขียน...
ในหนังเรื่อง พออว เข้าไปแล้ว เจ้าของเสทางในหน่อยครับ...
บุคลิกในหนังเรื่องตลาดสุดของเขา

นับจากแสงภาพในแรกในการการบันเทิงจนถึงวันนี้...
บ้าน เปญญา สกุลเจริญสุข บอกว่าผ่านมาสาว2...
เท่านั้น "ทุกคนยังบอกเลยว่ามันเปี่ยมมาก ดับสิงิ...
เด็กสาวยกแก้วน้ำขึ้นจิบ ก่อนจะเล่าต่อ "บางทียัง...
เลยว่าไม่อยากเป็นสายบ้านแล้ว อยากเป็นป่าน...
คนธรรมดา ไม่ต้องมีใครรู้จัก"

เราสนใจว่า อะไรที่ทำให้ดึกดาวรายได้ข...
อยากหันหน้ากลับไปเป็นเด็กสาวธรรมด ทั้งที...
สายคน...
หัวเราะเข้าใจ...
ดีๆ ที่ผ่านเข้ามา แต่ก็มีอยากให้ต้องเลื่อยๆ...
ได้คนรู้จัก ได้เพื่อน ได้งาน ได้เงิน แต่เรื่องที่ย...

FASHION ISSUE-CASUAL CUTS

混血兒

　　有一回在電台聽到來台灣發展的歌唱雙人團體「中國娃娃」說,她們在泰國發片的辛苦,因為不是混血兒,只是華裔,所以即使唱片公司覺得音樂不錯、有市場,卻不敢輕易與她們簽下合約,不敢投資她們公開發行唱片。後來,因為電台DJ播了Demo,引起廣大迴響,唱片公司與經紀公司才驚覺這是金雞母,緊急簽約發片,造就當年大街小巷傳唱:「……大錯特錯不要來,汙辱我的美……」這首超夯歌曲。

混出另一種美

　　不是混血兒唱片公司就不青睞?看電影「愛在暹邏」,男主角Mario Maurer看起來也不甚泰國人的臉孔,原來只有四分之一的泰國血統,參加香港電影的頒獎典禮,把同台的港台帥哥都給比下去,有些事還真不是用見仁見智這樣的話就可以混過去,在曼谷咖啡店翻時尚雜誌,才發現二十一歲的Mario Maurer竟是泰國第一男模,演戲、唱歌樣樣來。

日本、台灣、韓國、中國內地，每個國家都有混血兒，但泰國人對混血兒的喜愛，呈現一種全然沒有民族意識的狀態，純粹從美感的角度，如五官、膚色、身型等來觀察，像台灣對中國內地數一數二的歌手、演員，都有一種民族的親切感，Mario Maurer若是生在中國的混血兒，他的長相會有一種不親切的距離感，當然也會受歡迎，但不會像在泰國處於第一的位置。

我的泰國朋友Chin是中泰混血，也是大帥哥，我曾聽過他說自己不如有歐美血統的混血兒高大而小小自卑，混血兒的美竟然還是有等級的。我稍稍安慰他，相對膚色與五官看起來很泰國的泰國人或一般華裔，他已經是外表條件很好的了。只是Chin根本就沒有把非混血兒列入比較美醜的對手之中，所以在他的心中，在他之族類，他覺得自己的長相不算優秀。

獨特的泰式美感

參觀一個新設立的暹羅博物館，就在臥佛寺附近，不僅播放暹羅相關的短片，還展覽暹羅這塊土地的人文歷史。本來泰國就是個種族與民族的大熔爐，加上佛教根柢的民間信仰，泰國人十分的懷柔，對外來事物的包容與接納度都很高，接納之後，又會變成一種新的東西。

透過世界對泰國的喜愛，輸出他們特有的特色產業，像是泰式按摩，其中有中國的穴點，也有印度瑜伽的肢體；草藥有印度的，也有中國的；在巷弄中常常可以發現一些有趣的好東西是源自其他地方。透過移民者的輸入，卻在一個異國的土地上保留下來，變成一種新的資產，像薄荷涼膏，我們都已經忘記還有這樣的好東西，很多朋友去泰國指定要買，原是我們的東西，我們卻常常在一味、純粹的西化與西潮中失去一些珍貴的東西。泰國的民族性總是能退一步，接納多元

Mario Maurer介紹

Mario在高中時，就在暹邏廣場被星探發掘，開始拍廣告。當年呆呆的樣子，電影「愛在暹邏」的導演就說他的眼神很純真，於是指定他當男主角。高三的Mario當時只是模特兒，經過一年的電影拍攝，他也成為大學新鮮人。

而「愛在暹邏」像台灣的「海角七號」一樣，在泰國造就了空前的票房成功（泰國人與台灣人很像，沒有那麼熱愛看國片的，泰國鬼片除外，Mario後來也演了兩部，我的老天！不要吧），也得到許多泰國當地的電影大獎。Mario Maurer一夕爆紅，電影的邀約與唱片不斷，當然雜誌封面的邀約也更多了。

暹邏廣場逛街檔案

暹邏廣場有點像西門町的錯綜小巷弄，裡頭有許多幾坪大的小商店，包包、衣服、雜貨等都有。除了洽圖洽假日市集與桑倫夜市之外，這裡的小商店有很多泰國的年輕人來逛，不僅在學區之中（附近有許多高中），Siam Paragon還會有露天的演唱會，跨過一條馬路就到達，所以這裡也是人氣聚集中心。來此逛逛的以當地人居多，一旁的MBK更是泰國人最喜愛的購物中心之一，因此可是有十分在地的味道喔！當然MBK的小吃坊也是許多泰國人與熟門熟路觀光客必定前往的地方，除了道地口味之外，類似香港大排檔的攤位，什麼都吃得到，價格又平實。

|交通| 空鐵Siam站下車。暹邏廣場目前正在改建中，站在空鐵Siam站的月台可以俯瞰整個廣場已被拆除，鐵皮圍起來的模樣。這是位於曼谷最精華的區域，附近可以閒逛的據點極多，泰國庶民的MBK，或是高檔的百貨，還有2010年被紅衫軍一把火給燒了的中央百貨、ZEN百貨，都在附近。是曼谷都市之旅的最重要據點喔！

看文化
混血兒

的可能，然後自行把珍貴的留下，其他蛻變成另一種新的。

　　對於美的鑑賞能力，泰國似乎也有一套運作法則。我常驚嘆義大利人骨子裡的暖色調美感，每個人骨子裡都是一個煮著義大利麵的媽媽，然而泰國人的文化融合能力也同樣令人驚奇，他們的世界充滿著五顏六色的童趣繽紛。

　　泰國是世界大戰的中繼站，當時諸多西方國家的軍人進駐，爾後在金融危機中強力發展的觀光業，西方的文化勢力進入到泰國，卻變成他們的資源，近幾年泰國創意文化的發展，家具、珠寶、時裝、工藝品等設計獲得國際間的肯定，在「美學」、「美力」的輸出上，我覺得是表現非常好的，且泰國的工藝品在人工成本上仍較歐洲國家便宜，對大眾的生活影響比較大。我們可以欣賞一個300泰銖的泰國銀飾，也可以欣賞George Jason價值不菲的純銀工藝品，但親切度上就有落差。

　　品牌價值是不容忽視的隱性資產，George Jason銀飾可以拿去當鋪以設計之名的價格典當，其他的就只能秤重賣囉！常常掉東落西的人——我，就很明白自己只適合平價商品。

我說泰國是個好地方

　　因為E-mail了一篇清邁的遊記給朋友鈺雲，網路方便嘛！結果，出版社的珮珊看了我的清邁遊記，邀約我寫一本泰國旅遊書。經過了快兩年的追稿，其間我又去了十幾次泰國，這本書才寫出來（當然也多次向編輯提過沒時間寫，想偷懶）。編輯需要與懶惰作者周旋的辛苦，我想，我大概是沒能力吃這口飯。編輯們，辛苦了！你們是這本書的觸媒，少了企編、執編、美編，還有友情的敦促，各種理由的循循善誘，這本書是無法從虛空中誕生。

　　當然，事情的緣起更可追溯至同學虎咪找我去泰國旅行，布佬廚房的老闆徐茂鑫先生找我在他的餐廳裡開店，誼丞的秀敏姐與廖大哥帶我進入海外貿易的領域，結果諸多小小的因緣，變成現在這個樣子。過去的足跡都需要不斷地回首感恩，倒不是他們真的需要這些，而是我們自己需要那份感恩的力量。然後，最近一兩年，每當去曼谷，我都會去四面佛前許願，請四面佛幫助我把書完成，然後就可以有多一些人享受到泰國的樂趣，進而豐富了生活。

　　我要謝謝，泰國善良的人民，我永遠會重複這個真實的故事，神經大條的我把單眼數位相機忘在椅子上，數小時後，竟在旅客服務中心找回來（天底下真的有這樣的事）。

　　我要謝謝，親愛的台灣人，常常照顧著我的朋友們、土地靈祈們，台灣是塊很靈性的土地。我只能理性的說泰國是個好地方，但我不能說我最愛泰國，因為「最愛」是個感情的字，即使將來僑居到其他國家，這兩個字也已經有了台灣歸屬（我爸爸、媽媽還住在台灣的台東關山呢！爸爸、媽媽，有時我的行程沒有即時報告，Sorry）。

　　我要謝謝。這些雜貨的設計者、創作者，你們豐富了許多人的生活、我的旅程。想想，你們參與了多少美妙的時刻，當一個精美鑰匙圈被使用著、開啟了回家的大門時，當一個禮物被開啟、無限感恩與驚喜時，你們盡皆參與了。

　　我要謝謝我的守護神靈們，生命中所有的奇蹟與那些不可思議的諸多幸運，我感恩你們的造作。並且，努力讓自己不靠機運，認真腳踏實地工作。

國家圖書館出版品預行編目資料

微笑曼谷‧雜貨天堂／林東興 文‧攝影. --初版.
 -- 臺北市：華成圖書, 2011. 07
 面 ； 公分. --（自主行系列；B6103）

 ISBN 978-986-192-108-2（平裝）

 1. 遊記 2. 泰國曼谷

738. 2719   100008021

自主行系列 B6103

微笑曼谷‧雜貨天堂

作　　者／林東興

出版發行／ 華杏出版機構
　　　　　華成圖書出版股份有限公司
　　　　　 http://farreaching.com.tw
　　　　　台北市10059新生南路一段50-2號7樓
　　　　　戶　　名 華成圖書出版股份有限公司
　　　　　郵政劃撥 19590886
　　　　　e-mail huacheng@farseeing.com.tw
　　　　　電　　話 02 23921167
　　　　　傳　　真 02 23225455
　　　　　華杏網址 www.farseeing.com.tw/2005/home/index.php
　　　　　e-mail fars@ms6.hinet.net
　　　　　華成創辦人　郭麗群
　　　　　發 行 人　蕭聿雯
　　　　　總 經 理　熊 芸
　　　　　法律顧問　蕭雄淋‧陳淑貞

　　　　　主　　編　洪文慶
　　　　　企劃編輯　俞天鈞
　　　　　執行編輯　張靜怡
　　　　　美術設計　謝昕慈
　　　　　印務主任　蔡佩欣

定　　價／以封底定價為準
出 版 印 刷／2011年7月初版1刷

總 經 銷／知己圖書股份有限公司
　　　　　台中市工業區30路1號　電話 04-23595819　傳真 04-23597123

☺讀者回函卡

謝謝您購買此書，為了加強對讀者的服務，請詳細填寫本回函卡，寄回給我們（免貼郵票）或
E-mail至huacheng@farseeing.com.tw給予建議，您即可不定期收到本公司的出版訊息！

您所購買的書名/_____ 購買書店名/_____

您的姓名/_____ 聯絡電話/_____

您的性別/□男 □女　　　您的生日/西元_____年____月____日

您的通訊地址/□□□□□_____

您的電子郵件信箱/_____

您的職業/□學生 □軍公教 □金融 □服務 □資訊 □製造 □自由 □傳播
　　　　　□農漁牧 □家管 □退休 □其他

您的學歷/□國中（含以下） □高中（職） □大學（大專） □研究所（含以上）

您從何處得知本書訊息/（可複選）

□書店 □網路 □報紙 □雜誌 □電視 □廣播 □他人推薦 □其他

您經常的購書習慣/（可複選）

□書店購買 □網路購書 □傳真訂購 □郵政劃撥 □其他_____

您覺得本書價格/□合理 □偏高 □便宜

您對本書的評價（請填代號/ 1.非常滿意 2.滿意 3.尚可 4.不滿意 5.非常不滿意）

封面設計_____ 版面編排_____ 書名_____ 內容_____ 文筆_____

您對於讀完本書後感到/□收穫很大 □有點小收穫 □沒有收穫

您會推薦本書給別人嗎/□會 □不會 □不一定

您希望閱讀到什麼類型的書籍/_____

您對本書及我們的建議/

華杏出版機構

華成圖書出版股份有限公司　收

台北市10059新生南路一段50-1號4F　　TEL/02-23921167

（沿線剪下）

（對折黏貼後，即可直接郵寄）

😊 本公司為求提升品質特別設計這份「讀者回函卡」，懇請惠予意見，幫助我們更上一層樓。感謝您的支持與愛護！

http://farreaching.com.tw　　請將 B6103 「讀者回函卡」寄回或傳真 (02) 2394-9913